LA
BONNE AVENTURE

PAR

EUGÈNE SUE.

4

PARIS.
MICHEL LÉVY FRÈRES, LIBRAIRES-ÉDITEURS
RUE VIVIENNE, 2 bis
—
1851

LA
BONNE AVENTURE.

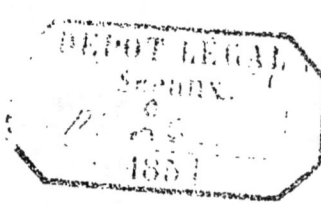

En vente chez les mêmes Éditeurs.

ROMANS
D'ALEXANDRE DUMAS.

LE
COMTE DE MONTE-CRISTO,
Deuxième Édition,
12 volumes in-8°. — Prix : 60 francs.

LES
TROIS MOUSQUETAIRES,
Deuxième Édition,
8 volumes in-8°. — Prix : 40 francs.

VINGT ANS APRÈS,
suite
DES TROIS MOUSQUETAIRES,
Deuxième Édition,
8 volumes in-8°. — Prix : 40 francs.

LA REINE MARGOT,
Deuxième Édition,
6 volumes in-8°. — Prix : 30 francs.

LE VICOMTE DE BRAGELONNE,
complément
DES TROIS MOUSQUETAIRES ET DE VINGT ANS APRÈS,
26 volumes in-8°. — Prix : 156 francs.

Paris. — Imprimerie de madame veuve Dondey-Dupré, 46, rue Saint-Louis, au Marais.

LA
BONNE AVENTURE

PAR

EUGÈNE SUE.

4

PARIS.
MICHEL LÉVY FRÈRES, LIBRAIRES-ÉDITEURS
RUE VIVIENNE, 2 bis.

1851

I

I

Environ trois mois après les évènements que nous venons de raconter, le docteur Bonaquet se promenait dans son cabinet d'un air inquiet, consultant de temps à autre d'un regard impatient la pendule, qui marquait alors cinq heures du soir. Tantôt il s'asseyait d'un air pensif, tantôt, allant à son balcon, il jetait au loin les yeux sur le quai, comme s'il eût attendu l'arrivée de quelqu'un avec anxiété. Il venait de se rasseoir depuis quelques instants, après une nouvelle exploration au dehors, lorsqu'il entendit le bruit d'une voiture qui s'arrêtait à la porte de la maison. Il courut à la fenêtre, vit un fiacre, et à côté du cocher le vieux domestique de sa femme. Jérôme sortit de chez lui, descendit précipitamment, et trouva sous la porte cochère Héloïse Bonaquet, accompagnée de sa femme de chambre, chargée, ainsi que le vieux serviteur, de quelques bagages.

Héloïse, tendant vivement la main à son mari, lui dit :

— Vous étiez inquiet, n'est-ce pas, mon ami?

— En effet, — répondit le médecin en examinant avec une tendre sollicitude les traits de sa femme, — j'espérais vous voir arriver ce matin à midi. J'étais allé vous attendre aux Messageries ; je ne les ai quittées qu'à trois heures ; je craignais un accident... Mais votre vue me rassure. Dieu merci!

— La diligence a cassé à quinze lieues de Paris, mon ami; telle est la seule cause de notre retard.

— Et votre voyage s'est bien passé, — dit le docteur à sa femme, tout en montant l'escalier, — vous n'avez pas été par trop fatiguée, trop mal dans cette voiture, vous qui étiez habituée à voyager dans la vôtre, et d'une manière si comfortable ?

— Je me suis trouvée à merveille, mon ami. J'avais pris le coupé pour moi et pour ma femme de chambre ; Louis était sur l'impériale, et je vous assure que c'est une façon de voyager très-commode.

Après un échange de ces tendres épanchements qui suivent toujours une assez longue séparation, Jérôme dit à Héloïse :

— Vos lettres m'ont appris que vous étiez enchantée de l'accueil de votre vieille parente.

— Oui, mon cher Jérôme, elle a été si reconnaissante de ma visite, qu'elle m'avait demandée avec instance ; nous avons tant parlé de ma mère, qui était la meilleure amie de madame de Felmont, que le temps a passé bien vite ! Elle a seulement beaucoup regretté de ne pas vous voir, mais elle a compris que vos occupations, surtout en ce moment, vous retenaient à Paris, me faisant toutefois promettre que dès que vous pourriez disposer de quelques semaines, je vous amènerais à Felmont. « Car avant de quitter
« ce monde, m'a-t-elle dit, je veux connaître
« et remercier l'homme à qui vous devez le
« bonheur de votre vie. Puis, a-t-elle ajou-
« té, il y a aussi un peu d'égoïsme dans mon
« désir de voir votre mari, son renom d'il-
« lustre médecin est arrivé depuis longtemps

« jusqu'à moi, et quoique ma plus grande
« maladie soit mon grand âge, je désirerais
« fort consulter M. Bonaquet. » — J'ai donc,
mon ami, pris l'engagement formel de vous
amener auprès d'elle aussitôt que ce voyage
vous sera possible ; car, je ne vous le cache
pas, j'ai trouvé cette excellente femme bien
affaiblie, et, durant mon séjour chez elle,
je l'ai vue en proie à une sorte de crise nerveuse qui m'a d'abord beaucoup inquiétée.
Mais heureusement cet accident n'a eu aucune suite fâcheuse.

— Hélas ! ma chère amie, tout est grave
à cet âge. Aussi je vous promets de me rendre avec vous chez madame de Felmont
aussitôt que je pourrai. Une fois que je l'aurai vue, que je me serai rendu compte de

sa position, il me sera facile, je l'espère, d'indiquer un régime et quelques mesures de précaution qui pourront soutenir aussi longtemps que possible cette vie affaiblie par l'âge.

—Merci, mon ami, merci, car, après ma mère, madame de Felmont a été et est la personne que j'aime et révère le plus au monde.

— Et comment supporte-t-elle la complète solitude où elle vit?

—Elle s'en arrange à merveille... Elle est, je vous l'ai écrit, mon ami, — reprit Héloïse en souriant, — *très-philosophe*, et quoique le revenu de son petit domaine soit modeste, elle y vit très-honorablement, au milieu de quelques bons et anciens serviteurs qui ont vieilli avec elle et qui l'adorent; la lecture, sa tapisserie, ses fleurs, ses oiseaux, ses visites de bienfaisance et ses longues promenades à travers l'une des contrées les plus pittoresques de la France, suffisent à madame de Felmont pour employer tellement ses instants, que les journées lui paraissent trop courtes.

— A soixante-dix ans, cette faculté de vivre seule est rare et annonce toujours une intelligence supérieure.

—Vous avez eu, mon ami, une preuve de la noblesse, de la fermeté de l'esprit de madame de Felmont, par la lettre si touchante, si digne, qu'elle nous a adressée en nous renvoyant la fameuse *contre-lettre* de faire-part qu'elle avait reçue comme toutes les personnes de ma famille. Ce que je lui ai écrit à cette époque et surtout ce que, dernièrement, je lui ai dit de vous, — ajouta Héloïse en souriant, — a achevé de lui tourner la tête : vous avez fait sa conquête. Mais, mon ami, — continua soudain Héloïse avec une sorte d'inquiétude,—je vous trouve l'air triste, préoccupé.

— Il est vrai ; aussi avais-je doublement besoin de vous voir.

— Qu'avez-vous, mon ami? vous m'inquiétez.

— De peur de troubler la quiétude de votre séjour chez madame de Felmont, je n'ai pas voulu vous instruire de ce qui me tourmente ; et d'ailleurs, qu'aurais-je pu vous apprendre ? J'ai plutôt le pressentiment que la certitude des malheurs que je redoute ; mais c'en est assez pour m'alarmer. Aussi, bénie soit votre arrivée, ma chère et bonne Héloïse ! — reprit Jérôme avec effusion. — Je retrouve la meilleure partie de moi-même ; je me sens déjà moins abattu, moins découragé.

— En vérité, Jérôme, vous m'effrayez. De quoi s'agit-il donc ?

— Il s'agit de Fauveau, de sa femme et de cette malheureuse orpheline !

— Mademoiselle Clémence Duval?

— Hélas! oui.

— Que leur est-il donc arrivé?

— Je n'ai que des soupçons; mais j'ai peur.

— Vous les avez donc vus pendant ces derniers temps, mon ami?

Après un moment de silence, Jérôme reprit :

— Vous vous rappelez, ma chère Héloïse, qu'il y a près de trois mois, cette pauvre madame Duval, qui, d'abord, n'avait éprouvé aucune secousse en apprenant le salut presque miraculeux de son mari, a malheureusement bientôt succombé à l'espèce de fièvre dévorante qu'un espoir si longtemps trompé et enfin réalisé avait allumé chez cette pauvre femme, déjà épuisée par de longues souffrances.

— Oui, mon ami, je me rappelle aussi l'incompréhensible froideur avec laquelle mademoiselle Duval a refusé l'offre que nous lui avons faite, après la mort de sa mère, de venir habiter près de nous jusqu'à l'époque de son mariage avec M. de Saint-Géran; union que, malgré nos instances, elle a repoussée comme une proposition presque outrageante pour sa délicatesse.

Mais vous le savez, mon ami, quoique exagérée, l'ombrageuse susceptibilité de mademoiselle Duval m'a plutôt touchée que blessée, puisqu'elle part d'un scrupule honorable. M. de Saint-Géran a d'ailleurs cruellement souffert ; il souffre cruellement encore d'avoir vu ses propositions refusées ; il m'a écrit à Felmont une lettre navrante. Ce qu'il savait par nous du caractère et des mérites de mademoiselle Duval, sa rare beauté, ont fait sur lui une impression si profonde, qu'il lui semble, m'a-t-il dit, que ce mariage ayant manqué, toutes les espérances de sa vie sont à jamais ruinées. Mais j'y songe, mon ami, et du colonel Duval, quelles nouvelles ?

— Aucune, depuis celles qui portaient

qu'au moment où l'on traitait de son échange, une nouvelle prise d'armes des Kabyles a rompu la négociation. Dieu sait à cette heure ce qu'est devenu le colonel! Double et cruelle incertitude, car plus que jamais cette malheureuse enfant aurait besoin de la protection paternelle. Lorsque Clémence Duval nous a annoncé son intention de continuer de vivre seule dans la retraite qu'elle avait si longtemps partagée avec sa mère, cette résolution, pourtant assez étrange chez une jeune personne de dix-sept ans, ne m'a, vous le savez, ni très surpris ni très alarmé.

— Non... Et ce que je savais par vous de la fermeté du caractère de mademoiselle Duval, de la solidité de ses principes, de son goût pour la retraite, m'a aussi rassurée ; puis enfin, j'ai senti ce qu'il y avait de pieusement filial dans ce désir de ne pas quitter un lieu où tout rappelait à cette pauvre enfant le souvenir de sa mère. Mais qu'est-il survenu ? Qui vous fait surtout regretter aujourd'hui que Clémence ne soit pas protégée par la sollicitude paternelle ?

— Avant votre départ, j'avais été péniblement frappé de la froideur, je dirais presque de la défiance que nous avait peu à peu témoignée Clémence Duval ; pendant votre absence, après avoir plusieurs fois, mais en vain, tenté de la rencontrer chez elle, j'y suis parvenu ; loin d'être pour moi affectueuse et cordiale comme autrefois, elle eut un accueil réservé, glacial. Trop franc pour lui cacher l'étonnement, le chagrin que me causait une telle réception, je l'ai suppliée de m'avouer sans détours la cause du changement que, depuis la mort de sa mère, je remarquais en elle ; ses réponses ont été contraintes, évasives, et il m'a été impossible de tirer d'elle aucune réponse satisfaisante.

— C'est étrange, mon ami.

— Je l'ai quittée très attristé, ne pouvant plus douter que l'on m'eût nui dans son esprit, d'autant plus facile à prévenir qu'il est plus confiant et plus ingénu.

— Mais, mon ami, qui donc avait intérêt

à vous nuire auprès de mademoiselle Duval?

— Je me suis fait aussi cette question, ma chère Héloïse... sans pouvoir d'abord y répondre ; mais il y a quelques jours, voulant tenter un dernier effort auprès de Clémence, je suis retourné chez elle ; je n'ai pas été reçu ; je m'éloignais, lorsqu'au détour du quai de l'île Saint-Louis j'aperçus Anatole... Je ne l'avais pas rencontré depuis notre visite à l'hôtel de Morsenne. La nuit commençait à tomber, il ne me vit pas, ou ne voulut pas me voir. Sa présence dans cette rue retirée où demeurait Clémence Duval me donna le pressentiment qu'il se rendait chez elle.

— Cependant, lors de nos entretiens avec

elle, jamais mademoiselle Duval n'a prononcé le nom de M. Ducormier?

— Cette dissimulation même augmenta mon inquiétude; je suivis Anatole de loin, je le vis entrer dans la maison de Clémence; il me fut facile, en gardant la plus complète réserve, de savoir du portier qu'Anatole venait de monter à l'appartement de mademoiselle Duval, et qu'elle le recevait tous les jours.

— M. Ducormier? — dit la jeune femme avec anxiété, — cette pauvre enfant reçoit chaque jour un homme si dangereux! Ah! maintenant je conçois vos alarmes.

— J'eus la patience de me mettre en observation et d'attendre, grâce à la nuit, la sortie d'Anatole, sans être vu de lui ; il était resté chez elle environ trois heures.

— Pauvre enfant ! si loyale, si candide, livrée à elle-même sans appui, sans conseil, sans surveillance ! Oh ! il y a danger, mon ami, grand danger.

— Le soir même, en rentrant, j'écrivis à Clémence une lettre pressante, m'autorisant de l'amitié que m'avait portée sa mère, et des soins dévoués que je lui avais prodigués ; je lui demandais rendez-vous pour le lendemain.

— Et cette lettre ?

— Est restée sans réponse. De plus en plus effrayé, voulant à tout prix arriver jusqu'à cette malheureuse enfant, il y a trois jours, je me suis rendu chez elle ; sa servante m'a ouvert, et, malgré ses assurances réitérées que sa maîtresse était sortie, j'ai forcé la porte, et j'ai trouvé mademoiselle Duval dans son salon. A mon aspect, surprise, irritée de ma persistance, elle s'est levée d'un air indigne. « Malheureuse enfant, lui dis-
« je, vous vous perdez, car chaque jour vous
« recevez Anatole Ducormier, un des hom-
« mes les plus dangereux que je connaisse.
« — Monsieur, — répondit-elle résolument,
« — je suis libre de mes actions, je ne dois
« compte de ma conduite qu'à Dieu : j'ai
« d'ailleurs de graves raisons pour ne plus
« croire à la sincérité de l'intérêt que vous

« semblez me porter ; voilà pourquoi je dé-
« sire éviter votre présence.

« — Mais pauvre enfant, lui dis-je, on
« vous trompe, on vous perd ; écoutez-
« moi. »

Elle ne me laissa pas continuer et reprit :

« — Vous vous êtes, monsieur, introduit
« chez moi malgré moi ; je vous laisse la
« place. »

Et sans vouloir m'entendre davantage, elle prend son châle, son chapeau, et sort, me laissant désespéré.

Après un moment de réflexion, Héloïse reprit :

— Après tout, mon ami, peut-être aussi nos craintes sont-elles exagérées.

— Comment?

— Les fâcheux antécédents de M. Ducormier, son manque de parole envers vous, et surtout la lâcheté de sa conduite lors de notre visite à l'hôtel de Morsenne, doivent donner, je le sais, une triste opinion de son cœur, mais n'a-t-on pas vu souvent les plus mauvaises natures, cédant à l'influence d'une femme angélique, éprouver de salutaires retours? Pourquoi M. Ducormier n'aimerait-il pas sincèrement, honnêtement, mademoiselle Duval?

Bonaquet secoua tristement la tête et reprit:

— Si les vues d'Anatole étaient honorables, il n'aurait pas cherché à éloigner Clémence Duval de nous, il ne m'aurait pas calomnié auprès d'elle; car, je n'en doute plus, il m'a perdu dans l'esprit de cette pauvre enfant, parce qu'il redoutait ma clairvoyance.

— Il est vrai, mon ami.

— Songer sérieusement à épouser Clémence Duval, n'était-ce pas pour Anatole vouloir se régénérer, abjurer sa vie passée? Alors pourquoi ne pas revenir à nous? ne savait-il pas que malgré son ingratitude, mes bras lui eussent été ouverts? n'était-ce pas moi qui le premier avais songé à cette union pour lui, lorsque je croyais à sa conversion? Non, non, tout me fait craindre que ses vues soient coupables.

— Et moi, mon ami, je ne puis croire à tant de perversité. Cet homme serait un monstre! Abuser de la candeur de cette enfant, la séduire, la déshonorer! Encore une fois, mon ami, si corrompu que soit M. Ducormier, il ne commettrait pas de sang-froid un crime si lâche, si odieux.

L'entretien de Jérôme Bonaquet et de sa

femme fut interrompu par le vieux domestique qui dit au docteur :

— Monsieur, il y a là une personne qui voudrait vous parler tout de suite.

— Son nom ?

— M. Joseph Fauveau.

— Joseph ! — s'écria Bonaquet avec une surprise mêlée d'anxiété.— Priez-le d'entrer.

Le domestique sortit. Héloïse allait se retirer, mais son mari lui dit :

— Non, non, restez, je vous prie, ma chère

Héloïse, car, je vous l'ai dit, je ne suis pas seulement inquiet sur le sort de Clémence Duval; il est un autre malheur que je redoute. Mais silence! voici Joseph, — ajouta le docteur au moment où Fauveau entrait introduit par le vieux domestique.

II

II

Le docteur Bonaquet et sa femme, à la vue de Fauveau, ne purent cacher leur douloureuse surprise.

Joseph n'était plus reconnaissable; sa figure, qui respirait naguère la franchise et la bonne humeur, était amaigrie, pâle, sombre et à demi cachée par son épaisse barbe brune qu'il avait laissé pousser dans toute sa longueur; ses vêtements malpropres, en désordre, achevaient de lui donner une apparence misérable et sinistre; sa taille robuste et élevée s'était courbée, comme s'il se fût affaissé sur lui-même; sa physionomie exprimait un singulier mélange d'amertume et d'ébêtement; sa démarche, sans être chancelante, était lourde, indécise; et faut-il le dire, aux premières paroles que Joseph adressa au docteur, celui-ci s'aperçut qu'une forte odeur d'eau-de-vie s'exhalait de la bouche de son ami. Le pénible étonnement de Jérôme se peignit si lisiblement sur ses traits, que Fauveau lui dit d'une voix lente et creuse.

— Tu me trouves bien changé, hein! Jérôme?

— Tu as donc eu quelque grand chagrin? — s'écria Bonaquet d'un ton d'affectueux reproche; — et je n'en ai rien su, et tu n'es pas venu à nous!

— Non! je t'ai évité depuis près de trois mois, Jérôme; Maria et moi, nous t'avons battu froid, ainsi qu'à ta dame, qui avait été si avenante pour nous. Alors, vous vous serez dit, n'est-ce pas, oublions ces ingrats? Vous avez eu raison.

— Non, monsieur Fauveau, — reprit Héloïse, — nous ne vous avons pas ainsi jugés; nous avons été, je vous l'avoue, affligés de la froideur qui peu à peu a succédé à nos premiers rapports remplis de cordialité; mais, tout en déplorant ce changement, dont nous ignorions la cause, nous parlions toujours de madame Fauveau et de vous comme de deux amis qui devaient nous revenir tôt ou tard.

— Et vous voyez, madame, — reprit Joseph avec abattement ; — vous voyez, en voilà déjà un qui vous revient, mais trop tard.

— Trop tard, mon bon Joseph, — dit Bonaquet, et pourquoi ?

— Parce que ma vie est empoisonnée, est perdue, murmura Fauveau avec abattement.

— Ta vie perdue ! — s'écria le docteur

Bonaquet avec une angoisse croissante. — Joseph, je t'en conjure, explique-toi ; ne te désespère pas ainsi, confie-nous tes peines en toute sincérité ; peut-être te serons-nous de bon conseil.

— Je ne mérite plus ton amitié, Jérôme, — répondit Fauveau avec confusion ; — je t'ai menti, je t'ai trompé !

— Toi ? toi ?

— Et en venant ici, je manque à une promesse jurée. C'est encore un acte de malhonnête homme ; mais bah ! une fois qu'on y est, qu'est-ce que cela fait ?

— Vous vous calomniez, monsieur Fauveau, reprit doucement Héloïse. — Jamais vous n'agirez en malhonnête homme; un cœur loyal comme le vôtre ne change pas ainsi.

— Cela vous étonne tant que vous ne pouvez pas le croire, n'est-ce pas, madame? — reprit Fauveau; ni moi non plus, je n'aurais pu le croire, et pourtant cela est! C'est comme si l'on m'avait dit que moi, qui ne buvais que de l'eau rougie, j'en viendrais un jour à tâcher de m'abrutir à force d'eau-de-vie! j'aurais haussé les épaules.

— Joseph, tu m'épouvantes! — s'écria le docteur Bonaquet. — Parle, au nom du ciel! que t'est-il arrivé?

— Il m'est arrivé, — balbutia Fauveau d'une voix étouffée, — il m'est arrivé que je rends Maria malheureuse comme les pierres..

— Toi, mon bon Joseph, toi?...

— Oui, moi.

Le docteur et sa femme échangèrent un nouveau regard de surprise douloureuse, tandis que Fauveau continuait :

— Je vais m'expliquer, Jérôme, c'est mon devoir, puisque je viens à toi malgré mes torts. Que veux-tu ! un malheureux qui se noie essaie de se raccrocher où il peut, n'est-ce pas? Mais, va, il sera trop tard. Je me sens perdu. Aussi je viens plutôt te faire mes adieux que te demander un conseil. Lorsque tu m'auras entendu, tu verras qu'il ne me reste rien... non, rien dans la vie !

— Qui sait ! monsieur Fauveau, — reprit Héloïse, — il y a tant de consolations, tant de ressources dans l'amitié !

Fauveau ne parut pas entendre les paroles de la jeune femme ; il passa par deux fois ses larges mains sur son front en disant à Jérome avec un sourire navrant :

— Toi qui es médecin, tu dois comprendre cela? Depuis que je bois tant d'eau-de-vie, j'ai peine à me souvenir... ***Heureusement!*** — ajouta-t-il en manière de triste parenthèse, — Oui... mes idées s'appesantissent, s'embrouillent, se perdent même, lorsque, comme à présent, je suis presqu'à jeun ; aussi voilà que maintenant je ne sais plus par où commencer...

— Mon bon Joseph, écoute-moi... je...

— Ah ! j'y suis, — reprit Fauveau en interrompant son ami. — Tu te souviens, Jérôme, que la fois où Maria et moi nous avons dîné ici, il avait été convenu que nous ne devions plus recevoir Anatole ?

— Sans doute.

— Eh bien! malgré tes avis, nous avons continué de voir Anatole, sans oser te l'avouer.

— Je regrette ce manque de confiance de ta part, mon pauvre Joseph, — répondit le docteur en échangeant un regard avec sa femme, — mais enfin, pour quel motif as-tu revu Anatole.

— Parce qu'il voulait m'aider à me venger.

— De qui?

— D'un prince.

— Pourquoi cette vengeance ?

— Parce qu'il voulait séduire Maria.

— Que dis-tu ?

— Oui, il avait fait offrir à ma femme de l'argent, beaucoup d'argent.

— A ta femme ?... — s'écria Jérôme en joignant les mains avec indignation, — à ta femme !

— Elle a méprisé ces offres ; plus tard, le hasard a fait qu'Anatole est entré comme secrétaire chez ce même prince ; celui-ci a su qu'Anatole nous connaissait, il lui a dit :

« Aidez-moi à séduire Maria Fauveau, et ma
« protection vous est assurée. »

— Mais c'est horrible ! — s'écria Jérôme en échangeant avec sa femme un regard de dégoût.

— Anatole a eu l'air d'accepter, — reprit Joseph Fauveau, — parce que ce prince avait une fille, une grande dame, une duchesse. Et Anatole nous a dit : — « J'aurai l'air de vouloir servir l'amour du prince pour Maria, afin de prendre pied chez lui et de séduire sa fille, et puis un beau jour nous le ferons venir et je lui dirai devant ta femme et toi : « Mon prince, vous vouliez
« porter le déshonneur dans la maison
« de mon ami, c'est moi qui ai porté le

« déshonneur dans la vôtre : votre fille a
« été ma maîtresse et je la méprise. » Voilà
comme tu seras vengé, Joseph.

— Cette vengeance serait odieuse ! —
s'écria Héloïse ; car la fille du prince n'est
sans doute pas complice des honteux projets de son père.

— Tant pis pour elle ! — reprit Joseph
d'un air sombre ; — son brigand de père
nous a fait assez de mal. Il est cause de tous
mes malheurs. Oui, car en apprenant qu'on
avait cru Maria capable de se vendre pour
de l'argent, ma première idée, et depuis elle
ne m'a plus quitté, ma première idée a été
de me dire : « Pour qu'on ose ainsi mar-
« chander ma femme, il faut qu'elle ait

« donné motif à cela, il faut enfin qu'il y ait
« eu quelque chose à dire sur elle... »

— Mais ce raisonnement était insensé, monsieur Fauveau, — reprit vivement Héloïse ; — la plus honnête femme du monde est-elle donc à l'abri de propositions indignes ?

— Oui, au premier abord cela paraît ainsi, madame. Anatole m'avait dit la même chose que vous. Aussi un moment je l'ai cru ; mais bientôt, malgré moi, cette maudite pensée ne m'est plus sortie de la tête, et depuis j'ai toujours soupçonné Maria. Moi qui, jusque-là, avais été à rire le premier avec elle des déclarations qu'on lui faisait quelquefois au magasin ; moi qui, de

ma vie, n'avais été jaloux, je suis devenu
jaloux comme un tigre. Anatole avait beau
me vanter la sagesse de Maria, je me disais :
Il me cache ses soupçons pour ne pas m'inquiéter ; mais pour sûr mon tort aura été
jusqu'ici de ne pas assez surveiller ma
femme, d'avoir eu trop de confiance en elle.
de ce moment, la jalousie a bouleversé mon
caractère ; au lieu d'être comme autrefois,
doux et bon pour Maria, je me suis peu à
peu montré dur, bourru, méfiant ; je n'avais
ni le courage d'avouer ma jalousie, ni le courage de ne pas être jaloux de Maria. Et pourtant elle souffrait avec une douceur d'ange
mes injustices, mes duretés, à quoi elle ne
comprenait rien ; je la voyais de plus en plus
triste, souvent je la surprenais tout en larmes
embrassant sa petite fille. Alors Maria me

disait avec un sourire qui me navrait, car il ressemblait à un sourire de folle : — « La « sorcière n'avait peut-être pas tort de me « prédire d'affreux malheurs ; je ne sais pas « comment ils arriveront, mais voilà déjà « qu'ils commencent. »

— Pauvre enfant! comment toi, Joseph, avec ton bon cœur, ton bon sens, tu ne pouvais vaincre une jalousie insensée ?

— Jérôme, on ne raisonne pas la jalousie. Enfin, un jour Maria m'a dit : « Joseph, je « ne t'ai jamais menti, je t'ai aimé autant « qu'on peut aimer quelqu'un. Chaque jour « tu me dis des paroles blessantes. Je les ai « si peu méritées que je ne les comprends « pas. Il faut nous expliquer franchement ;

« car si tu continuais à te montrer si mé-
« chant, si injuste, toi autrefois si bon, je fi-
« nirais peut-être, malgré moi, par ne *plus*
« *t'aimer.* »

« — Si tu ne m'aimes plus, — m'écriai-je
« en me sentant frappé au cœur, — c'est que
« tu as un amant, malheureuse ! Je m'en suis
« toujours douté d'après les propositions du
« prince ; mais aujourd'hui je ne doute plus...
« je suis certain de ton indignité. » — Alors j'ai eu comme un vertige de désespoir... de rage. Et j'ai levé la main sur Maria.

— Ah ! — s'écrièrent à la fois le docteur et sa femme avec effroi.

— C'est ignoble, c'est lâche, n'est-ce pas,

de vouloir battre une pauvre femme ? — reprit amèrement Fauveau ;—je le sais bien; mais la jalousie, ça vous rend fou, Jérôme, fou furieux ! Aussi, j'ai repris, en *secouant Maria par le bras :*

« — Avoue que tu as un amant, malheu-
« reuse !

— « Si j'avais un amant, Joseph, — m'a-
« t-elle répondu, — je te l'avouerais, quand
« tu devrais me tuer sur la place, car de ma
« vie je n'ai menti. Je ne t'ai pas dit que je
« ne t'aimais plus, car Dieu sait combien
« j'ai pleuré, combien je pleure chaque
« jour en songeant à notre bon temps d'au-
« trefois, ce temps qu'il ne tiendrait qu'à toi
« de faire renaître pour tous deux. Je t'ai

« seulement dit que si tu continuais d'être
« si injuste et si méchant, peut-être, malgré
« moi, je finirais par ne plus t'aimer, ce qui
« serait plus terrible pour moi que d'avoir
« le cou coupé, comme l'a prédit la sorcière.
« Tu viens de m'outrager, de me frapper...
« Tu n'as pas la tête à toi, mon pauvre Jo-
« seph... je te pardonne. — Tu me par-
« donnes ! C'est toi qui devrais me deman-
« der pardon à genoux, malheureuse ! — Je
« le veux bien, car pour me maltraiter ainsi,
« tu dois cruellement souffrir, et si j'en suis
« involontairement la cause, je t'en demande
« pardon, me voici à genoux. Es-tu con-
« tent ? Mais, au moins, sois bon et juste
« pour moi. Crois à ma franchise, à ma
« tendresse, qui ont survécu à tant de cha-
« grin ! »

— C'est un ange ! — dit Héloïse les yeux mouillés de larmes, — malheureuse enfant !

— Et cette soumission ne t'a pas désarmé ! — s'écria le docteur non moins ému que sa femme. — Ces paroles si sincères ne t'ont pas convaincu ?

— Pour que Maria, elle si fière, se soit agenouillée devant moi, — répondit Fauveau en secouant la tête d'un air farouche, — il faut qu'elle ait quelque chose à se reprocher ; et puis, j'en reviens toujours là, on n'offre pas de l'argent à une femme qui n'a jamais fait parler d'elle. Aussi est-ce l'offre de ce vieux scélérat de prince qui m'a ouvert les yeux.

— Mais cette résignation que tu reproches à ta femme, tu la lui imposais par tes violences; elle n'avait pas d'autre moyen de t'apaiser.

— M'apaiser? — reprit Joseph avec un sourire sinistre. — Cette hypocrisie a redoublé ma fureur, et je l'ai si indignement traitée, qu'elle m'a dit : « Joseph, sans notre « petite fille et le chagrin que je crains de « faire à mes parents, je te quitterais pour « toujours après la scène d'aujourd'hui. »
— Ces paroles m'ont exaspéré. Heureusement Anatole est entré dans ce moment, sans quoi je crois que j'aurais tué Maria; il l'a arrachée de mes mains, en me reprochant ma brutalité. Alors, comme un égaré, marchant devant moi sans savoir où j'allais,

je me suis sauvé de la boutique. Au bout de je ne sais combien de temps, je suis revenu à moi. J'avais tant marché que j'étais éreinté. Je suis entré dans un café pour me reposer; le garçon m'a demandé si je voulais un petit verre d'eau-de-vie ; j'ai accepté machinalement. Alors, sans doute, l'agitation où j'étais et mon peu d'habitude de boire de cette liqueur en ont doublé l'effet, car, au premier petit verre, ma tête s'est troublée, je me souvenais à peine de ce qui s'était passé dans la journée. J'ai trouvé cela bon, d'oublier... Aussi, afin d'oublier tout à fait, j'ai bu un second, un troisième verre, peut-être davantage, car j'ai fini par être si complètement ivre, que le maître du café a eu pitié de moi : il m'a fait faire un lit dans son arrière-boutique, où j'ai passé la nuit. Quand je me suis réveillé, au petit jour, je croyais rêver, mais bientôt je me suis souvenu de tout. Alors je me suis dit : C'est une belle invention que l'eau-de-vie, ça fait oublier... De ce jour-là, j'ai commencé à boire pour m'étourdir. Tout m'est devenu égal; je ne me suis plus occupé de mes affaires ni de moi-même ; j'ai laissé pousser ma barbe, je me suis jeté la tête la première dans l'abrutissement; aussi, on me montre au doigt dans le quartier, et quand je ne suis pas ivre-mort, je fais des scènes affreuses à Maria. Elle a encore enduré cela avec sa patience d'ange. Mais hier, après une querelle où je l'ai maltraitée devant sa fille, elle m'a déclaré qu'elle n'en pouvait supporter davantage, que notre commerce allait de mal en pis, et qu'elle était décidée à se retirer chez

sa mère avec notre enfant. Elle a ajouté en fondant en larmes : « Au moment de te
« quitter pour jamais... si méchant que tu
« sois devenu, je ne t'en veux pas et te par-
« donne, Joseph... L'auteur de tous nos
« chagrins est ce prince maudit, puisque ses
« offres honteuses ont éveillé ta jalousie...
« Sans cette jalousie, tu serais resté bon et
« juste comme autrefois. Mais patience...
« la dernière fois que M. Anatole est venu,
« il m'a dit que le jour de la vengeance ap-
« prochait. Le malheur m'a rendue mé-
« chante, et je me réjouis de tout ce qui peut
« arriver de cruel à cet indigne prince...
« Cela n'empêche pas notre bonheur d'être
« à jamais perdu... mon pauvre Joseph...
« mais console-toi comme je me console, en
« songeant que la sorcière se sera seulement

« trompée de mort en me disant que je dois
« mourir toute jeune.... sur l'échafaud.
« Digne femme, pourvu qu'elle n'ait fait
« que cette erreur-là, je la remercierai de
« tout mon cœur, car maintenant je serais
« bienheureuse de mourir. »

— Tu ne songes donc pas, — s'écria Jérôme, — qu'après tant de secousses, tant de chagrins, l'imagination de ta pauvre femme peut à la fin se frapper de cette ridicule et sinistre prédiction, sa raison s'égarer !

— Si, car j'ai eu peur lorsque Maria m'a dit ces dernières paroles ; il m'a passé comme une lueur dans l'esprit, et un moment j'ai pensé que peut-être j'avais tort d'être jaloux ; et puis au point où j'en suis avec ma femme, ça aurait dû m'être égal de me séparer d'elle. Eh bien ! non, ce dernier coup m'a accablé. Si peu que je voyais Maria, c'était toujours cela... Et quand j'avais la tête à moi, je regardais ma femme en me rappelant comme d'un rêve d'il y a longtemps notre gentil ménage d'autrefois, notre amour, nos beaux projets de nous retirer jeunes encore à la campagne. C'était, je le sais bien, autant de coups de poignard que je me donnais à moi-même en songeant à cela. Mais c'est égal, je me disais : J'ai pourtant été heureux, moi !

Les larmes vinrent aux yeux de Jérôme et de sa femme. Fauveau ne s'en aperçut pas et continua :

— Enfin, quand Maria m'a signifié que

nous devions nous séparer, je te l'ai dit,
Jérôme, ça été mon coup de grâce. Au lieu
de me mettre en fureur et de la supplier de
ne pas m'abandonner, je suis resté comme
un idiot, j'ai pleuré, et je suis remonté dans
la petite chambre que j'avais prise au quatrième ; je me suis jeté sur mon lit, j'ai bu
de l'eau-de-vie à perdre la mémoire... Tantôt, j'allais recommencer, espérant que j'en
mourrais peut-être, lorsque, je ne sais comment, j'ai pensé à toi, Jérôme ; j'étais comme un noyé qui se raccroche à une dernière
branche. Je me suis dit : Allons voir Jérôme,
et en tous cas lui faire mes adieux et lui
demander pardon de l'avoir trompé ; car,
vois-tu, du premier mensonge que nous
avons été obligés de te faire au sujet d'Anatole, a commencé de ma part et de celle de

Maria ce que tu as pris pour de la froideur. Et pourtant, ce n'était que de l'embarras, de la honte : car, Maria et moi, nous avions le remords de te manquer de confiance. De ton côté, toi et ta femme, nous croyant refroidis à votre égard, vous êtes devenus de plus en plus réservés envers nous. Aussi, va, Jérôme, sans tous mes malheurs tu ne me verrais pas ici. Maintenant, tu m'as entendu; avais-je raison de te dire que tous les conseils du monde ne changeraient rien à ma position? Maria me hait, me méprise ; elle est pour toujours perdue pour moi, oui, pour toujours, pour toujours!

Et le malheureux, cachant dans ses mains sa figure inondée de larmes qu'il ne put contenir plus long-temps, tomba dans un fauteuil en poussant des sanglots déchirants.

III

III

III

Jérôme Bonaquet et sa femme avaient écouté dans un douloureux recueillement le récit de Joseph Fauveau, échangeant seulement de temps à autre quelques regards d'intelligence et de commisération.

Le docteur Bonaquet, convaincu qu'il fallait agir promptement, dit à Joseph, toujours plongé dans un morne accablement :

— Courage, ami !

— Du courage, reprit Joseph en essuyant ses larmes et regardant le docteur avec un sourire sinistre, — il y a longtemps que l'abrutissement m'a rendu lâche ; il y a longtemps que j'aurais dû aller tuer ce prince, cause de tous mes malheurs. Le cœur m'a manqué. J'ai trouvé plus commode de laisser Anatole me venger... Je n'ai eu de courage que pour torturer ma femme tant que j'ai pu.

Après un moment de réflexion Bonaquet reprit :

— Joseph, les moments sont précieux : voici sept heures du soir, réponds vite à quelques questions indispensables.

— Comment ! tu espères...

— Si j'espère ? Ah ! çà, mon pauvre Joseph, tu te moques de moi. Si j'espère ? Allons donc ! je suis certain que demain tu seras aux pieds de ta Maria, de cet ange de résignation, de vertu, de courage ; qu'elle te dira : — Joseph, je te pardonne ; et que demain soir, un dîner pareil à celui d'il y a trois mois nous réunira tous les quatre pour fêter le renouvellement de votre bonheur, qui, d'après la loi humaine, vous paraîtra d'autant plus doux qu'il aura été troublé par les trois abominables mois de... Mais patience, tu ne perdras rien pour attendre, et je te *repincerai* lorsque gai, heureux, confiant comme autrefois, tu seras en état d'entendre et de comprendre de sévères et bonnes vérités.

— Comment, Jérôme, tu crois que...

— Je crois, je sais que les deux meilleurs cœurs de la terre doivent être et seront dès demain réconciliés et pour jamais réunis dans un commun bonheur ; mais je sais aussi en ma qualité de médecin, qu'il ne suffit pas de sauver la vie des gens et de les mettre en *convalescence*, car les rechutes sont dangereuses ; aussi, jusqu'à complète et entière guérison, nous nous verrons quotidiennement : un jour, toi et Maria vous viendrez dîner ici ;

le lendemain, Héloïse et moi nous irons dîner chez vous. Nous passerons ainsi toutes nos soirées ensemble, et que le diable m'emporte si, avant un mois, tu ne me dis pas un beau soir : — « Mon bon Jérôme, je voudrais bien avoir au moins deux ou trois soirées par semaine, que Maria et moi nous passerions tout seuls, ainsi qu'autrefois. » Et comme ta Maria a l'oreille fine, elle aura entendu ta supplique ; et je la vois d'ici me disant avec sa jolie petite mine si éveillée, si franche : — « Ce n'est pas moi, au moins, monsieur Bonaquet, qui ai prié mon bon Joseph de vous parler ainsi ; il a pris cela sous son bonnet, ce beau grenadier ; mais, entre nous, je pense comme lui. »

— Tiens, Jérôme, je ne peux pas te dire

ce qui se passe en moi ! il me semble que tes bonnes et cordiales paroles me font malgré moi espérer. Ah ! si je t'avais vu plus tôt !

— Il ne s'agit pas du passé ; le passé est, Dieu merci ! enterré ; maintenant assez parlé : il faut agir. Où est ta Maria ?

— Chez sa mère. Elle m'a dit qu'elle y allait. Elle doit y être.

— Très bien. Où demeure sa mère ?

— Madame Clermont demeure rue du faubourg Saint-Martin, n° 17.

— Ma chère Héloïse, veuillez, je vous

prie, écrire cette adresse. Et maintenant voici ce que moi, le docteur Bonaquet, je t'ordonne, et très sérieusement, mon bon Joseph; car je sais l'influence du physique sur le moral. Tu vas, pour te calmer, te détendre, aller prendre un bain de deux heures à l'établissement du Pont-Neuf que l'on voit d'ici. Tu feras en même temps couper cette abominable barbe qui te défigure. En sortant du bain tu demanderas un bouillon et un verre d'eau rougie, rien de plus, et tu attendras un mot de moi qui te dira si tu dois retourner chez toi ou venir passer la nuit ici.

— Mon bon Jérôme, je...

— De deux choses l'une : ou ta femme,

suivant sa première pensée, sera retournée chez sa mère, ou elle sera restée à sa boutique. Si elle y est, ce dont je vais de ce pas m'assurer, tu passeras la nuit ici; dans le cas contraire, si Maria était chez sa mère, tu retournerais chez toi, et avant de te coucher tu prendras une potion calmante, que je vais en tout cas envoyer chez toi par mon pharmacien ; tu dormiras, c'est moi qui te le prédis, d'un bon et doux sommeil. Demain tu mettras ta boutique bien en ordre, tu te feras beau comme pour un jour de noce, et tu attendras. Voilà tout ce que je te demande... le feras-tu ?

— Jérôme, — répondit Fauveau subjugué par l'accent de confiante espérance de son ami, — je te promets de faire ce que tu désires. Tu ne me croiras peut-être pas, car, une fois déjà j'ai manqué à ma parole.

— Veux-tu me laisser en repos avec le passé ! Tu me promets de suivre de point en point mon ordonnance ?

— Oh ! oui, Jérôme, — répondit Fauveau les yeux mouillés de larmes, — car déjà je me sens calmé, consolé. Oh ! tu es le meilleur des hommes !

Et dans sa naïve reconnaissance, Joseph prit les mains de son ami et les baisa avec effusion.

— Voici de ces émotions que je défends

quant à présent, — dit le docteur contenant à peine ses larmes ; — du calme... surtout du calme. Assieds-toi là ; j'ai deux mots à dire à ma femme, puis je monte en fiacre avec toi et je te dépose aux bains.

Joseph s'assit pour ainsi dire accablé sous l'heureuse impression qu'il ressentait ; il croyait rêver, partageait presque la confiante espérance de son ami qui, s'éloignant de quelques pas avec Héloïse, lui dit tout bas :

— Pauvre Joseph ! sa guérison est en bon train ; nous ramènerons facilement Maria.

— Je le crois, mon ami, car, si insensées,

si cruelles que soient les violences causées par une injuste jalousie, presque toutes les femmes les pardonnent ; mais j'ai aussi quelqu'un à préserver d'un sort terrible peut-être.

— Je vous comprends, mon amie, madame de Beaupertuis ? le projet de vengeance de ce malheureux Anatole ?

— Je veux éclairer ou prévenir Diane s'il est temps encore.

— Oui, oui, à l'instant allez chez elle, mon amie, pendant que je vais me rendre chez cette pauvre Maria.

Madame Bonaquet s'approchant alors de Fauveau lui dit :

— Allons, monsieur Joseph, je partage complètement la confiance de mon mari; demain sera un beau jour pour nous tous, vous serez heureux de retrouver un bonheur que vous croyiez perdu, nous serons heureux d'être témoins de votre joie.

Quelques instants après, Héloïse et le docteur Bonaquet, accompagnés de Joseph, montèrent chacun dans un fiacre. Héloïse se fit conduire à l'hôtel de Morsenne; Jérôme, après avoir déposé Joseph devant l'établissement du Pont-Neuf, se fit conduire à la boutique de parfumerie de la rue du Bac.

Ce magasin, autrefois si soigné, si coquet, si bien fourni et achalandé, était en désordre et semblait abandonné, une épaisse couche de poussière couvrait tous les objets; le comptoir de chêne ne brillait plus de son lustre de propreté. Si puériles que paraissent ces remarques, elles serrèrent le cœur de Jérôme Bonaquet lorsqu'il entra dans cette boutique, jadis égayée par la continuelle bonne humeur du jeune et joyeux ménage.

— Madame Fauveau est en haut, chez elle, n'est-ce pas? — demanda Jérôme à la servonte, assise au comptoir.

— Non, monsieur, madame est sortie.

— Vous me connaissez bien, — reprit Jérôme, — vous savez que je suis un vieil ami de la maison…

— Oh! oui, monsieur le docteur.

— Eh bien! conduisez-moi là-haut, que je m'assure si madame Fauveau est chez elle. Vous pouvez avoir reçu l'ordre de dire qu'elle n'y est pas, et je viens pour une chose si importante que votre maîtresse serait désolée de ne m'avoir point reçu.

— Oh! monsieur le docteur, si vous voulez monter, vous verrez par vous-même que madame n'y est pas… Elle m'a fait conduire tantôt la petite chez sa maman, où madame doit coucher; voilà une grande demi-heure qu'elle m'a envoyé chercher un fiacre dans lequel elle est sortie, car elle n'a pas voulu dîner.

Malgré les assertions de la servante, le docteur Bonaquet tint à monter à l'entresol, accompagné de la domestique. Ainsi que celle-ci le lui avait dit, il ne trouva pas Maria.

— Elle s'en est allée chez sa mère,—pensa Bonaquet. Et il se fit conduire chez madame Clermont, rue du Faubourg-Saint-Martin. Ne voulant pas inquiéter la famille de Maria, dans le cas où celle-ci ne serait pas encore arrivée chez ses parents, il demanda au portier si madame Fauveau était venue dans la soirée. Le portier répondit que non. Bonaquet, se promettant une nouvelle visite dans la soirée, retourna près de Joseph, afin de lui renouveler sa recommandation et lui apprendre que Maria étant allée chez sa mère il pouvait retourner à son magasin.

Madame Bonaquet, de son côté, s'était rendue à l'hôtel de Morsenne, où elle n'avait pas reparu depuis la soirée dont nous avons parlé. Au lieu de s'adresser à la loge du suisse, Héloïse alla directement à l'appartement occupé par madame de Beaupertuis; un de ses gens lui ayant répondu que madame la duchesse était sortie, Héloïse le pria de faire venir la première femme de chambre de madame de Beaupertuis, mademoiselle *Désirée*, qui jouissait depuis longtemps de l'entière confiance de sa maîtresse.

Au temps où elle visitait fréquemment la famille de Morsenne, Héloïse avait souvent vu chez la jeune duchesse cette femme de chambre ; celle-ci arriva bientôt et cédant à une ancienne habitude, dit à madame Bonaquet :

— J'ignorais que c'était madame la marquise qui me faisait demander ; me voici à ses ordres. Madame la duchesse sera bien fâchée de ne s'être pas trouvée chez elle pour recevoir Madame.

— Je sais, Mademoiselle, — reprit Héloïse, — que vous êtes dévouée à madame de Beaupertuis.

— Oh ! pour cela, oui, madame la marquise.

— Eh bien, dites-moi sincèrement si madame de Beaupertuis est chez elle, ou si elle a seulement fait fermer sa porte ? J'ai absolument besoin de lui parler pour une chose très grave, très pressante ; ainsi donc, dans l'intérêt de votre maîtresse, ne me cachez pas la vérité.

— Je puis jurer à Madame que madame la duchesse est sortie à pied tantôt ; elle m'a dit qu'elle ne rentrerait que ce soir et qu'elle irait, comme cela lui arrive souvent, dîner à l'Abbaye-aux-Bois, chez madame la comtesse de Surval... à telle enseigne que madame la duchesse m'a permis de disposer de ma soiré.

— Je regrette vivement ce contre-temps, — reprit Héloïse, convaincue avec raison de la véracité de mademoiselle Désirée ; — vous direz alors à madame de Beaupertuis que je la prie en grâce de m'attendre demain dans la matinée.

— Oui, madame.

Au moment où Héloïse s'apprêtait à sortir, la femme de chambre lui dit avec un certain embarras :

—Je sais combien madame est bonne pour tout le monde, et si j'osais,....

— Parlez, mademoiselle.

— Madame trouvera peut-être ma prière bien indiscrète.

— Voyons, de quoi s'agit-il ?

—Je demanderais à madame sa protection et sa bienveillance.

— Pour qui ?

— Pour ma sœur de lait, madame. Je l'avais perdue de vue depuis plusieurs années, lors d'un long voyage que j'ai fait avec mes anciens maîtres. Par le plus grand des hasards, je l'ai retrouvée il y a peu de jours :

c'est une excellente personne, et comme elle tient un petit magasin de ganterie et de parfumerie, si madame voulait l'honorer de sa pratique, et la recommander à ses connaissances, j'en serais bien heureuse ; ce serait une bonne nouvelle que j'apporterais aujourd'hui à ma sœur de lait, car je compte profiter de ma soirée pour aller la voir.

— Et quelle est l'adresse de votre sœur de lait, mademoiselle ?

— Combien madame est obligeante ! — répondit mademoiselle Désirée toute joyeuse. — Son magasin est rue du Bac, à l'enseigne du *Gagne-Petit*.

— Est-ce que ce serait madame Fauvau ?

— dit Héloïse, très-étonnée de cette singulière coïncidence.

— Madame se fournit donc déjà chez elle?

— Oui, je la connais. Mais dites-moi, mademoiselle, l'avez-vous vue très-récemment?

— Non, madame, pas depuis notre première rencontre : il y a de cela quelques jours ; j'avais besoin de gants ; au lieu d'aller chez notre fournisseur habituel, rue de la Paix, je vois en passant dans la rue du Bac une boutique de ganterie ; j'entre, et qui est-ce que je reconnais au comptoir? Maria Fauveau, ma sœur de lait. Je laisse à penser à madame quelle a été notre joie de nous revoir après plusieurs années. Madame Fauveau a toujours un excellent cœur, car, quoique je ne sois qu'une femme de chambre et qu'elle soit, elle, la femme d'un commerçant, elle n'en a pas été pour cela plus fière envers moi ; aussi je me suis promis, sans lui en parler, de la recommander aux amies de madame la duchesse.

— C'est une très bonne pensée, mademoiselle, et je vous approuve, — répondit Héloïse, — mais ne manquez pas, je vous prie, de prier madame de Beaupertuis de m'attendre demain matin chez elle.

Et madame Bonaquet retourna à sa demeure, cruellement désappointée de l'inutilité de sa démarche.

A peu près à l'heure où se passaient les différentes scènes que nous venons de raconter, d'autres évènements marchaient presque simultanément.

Quelques préparations sont nécessaires pour compléter l'intelligence de la continuation de ce récit.

L'on sait qu'il y a quelques années la plupart des maisons situées *rue de la Lune*, dans le quartier *Bonne-Nouvelle*, avaient une seconde entrée sur le boulevard ; plusieurs de ces maisons ayant même deux escaliers, dont l'un aboutissait à la rue, l'autre au boulevard, il s'ensuivait que certains appartements jouissaient de deux issues complètement séparées.

Or, à peu près à la même heure où Jérôme Bonaquet et sa femme s'occupaient de leurs recherches, le prince de Morsenne et son fidèle Loiseau, tous deux vêtus de longues redingotes, leur chapeau enfoncé sur les yeux, se tenaient en observation dans une sorte de renfoncement obscur formé par la saillie d'une maison de la rue de la Lune, rue à cette heure brillamment éclairée par le gaz des candélabres et par les lumières d'une boutique voisine.

— Loiseau, — dit le prince à son confident, — je songe à une chose.... Si l'affaire réussit, il peut me convenir d'avoir *des preuves* et de m'en servir, le cas échéant, afin de pouvoir, au besoin, me faisant une arme de ces preuves, prolonger à mon gré ce qui pourrait n'être que le résultat d'une surprise.

— Je comprends, monsieur; mais ces preuves... comment...

— *Elle* va sans doute venir en fiacre. Tu donneras un louis au cocher, tu l'emmèneras dans un cabaret, tu lui demanderas à quelle heure et en quel lieu la femme qu'il aura emmenée est montée dans la voiture, et de quelle façon cette femme était vêtue; tu rédigeras, sur ces indications, une sorte de note que tu feras signer à ce cocher, s'il sait signer; en tout cas, tu prendras son numéro et l'adresse de son maître. Comprends-tu?

— Parfaitement, monsieur..... De sorte

qu'au besoin on pourrait dire à la charmante : Votre mari saura tout, si...

Puis, s'interrompant, l'honnête serviteur ajouta vivement :

— Monsieur, un fiacre !.... Il s'arrête devant la porte.

— Ah ! Loiseau, le cœur me bat comme si j'avais vingt ans... C'est elle !... Ce Ducormier est un drôle impayable !.... N'oublie pas mes recommandations. Vite, donne-moi l'écrin et le portefeuille.

—Les voici, monsieur !

Pendant la fin de l'entretien de M. de Morsenne et de Loiseau, un fiacre s'était arrêté le long du trottoir, à peu de distance de l'endroit où le prince et son confident se tenaient aux aguets; bientôt, à la clarté du gaz, ils distinguèrent parfaitement les traits de Maria Fauveau, qui, après être descendue de voiture, entra dans l'une de ces maisons qui, nous l'avons dit, donnaient à la fois sur la rue de la Lune et sur le boulevard.

Lorsque la jeune femme eut disparu dans l'ombre de la porte cochère, qui se referma sur elle, M. de Morsenne, sortant de son embuscade, traversa rapidement la rue dans toute sa largeur, et se tournant vers la maison où venait d'entrer Maria, il leva les yeux vers les étages supérieurs et parut impatiemment y chercher un signal. En effet, au bout de quelques minutes, il vit une lumière brillante disparaître, puis briller de nouveau, derrière les vitres de la croisée d'un appartement situé au troisième étage.

Aussitôt le prince entra précipitamment dans la maison d'où venait ce signal.

IV

IV

M. de Morsenne, répondant au signal que l'on venait de lui faire par une croisée, monta précipitamment les trois étages de cette maison à double issue; le prince, un peu essoufflé par cette rapide ascension, s'arrêta pendant quelques instants sur le palier, afin de calmer sa respiration haletante.

Puis il sonna.

La porte fut ouverte et refermée sur lui par Anatole Ducormier.

La scène suivante se passe dans une antichambre éclairée par une seule bougie.

Trois portes s'ouvrent sur cette première pièce, celle d'un petit salon, celle de la chambre à coucher, celle de la salle à manger.

A peine entré, M. de Morsenne s'écria d'une voix palpitante et les traits empreints d'un ravissement ineffable :

— Elle est là !... je viens de la voir entrer.

— Silence, prince! — lui répondit Ducormier à voix basse ; — oui, elle est là, mais laissez-lui le temps de se remettre : elle est encore toute tremblante de sa démarche. De grâce, ne brusquez rien, ce serait tout compromettre.

— C'est vrai, — répondit M. de Morsenne à voix basse aussi, avec une ardeur difficilement contenue ; — mais après trois mois de tourments et d'attente dévorante... — Puis, s'interrompant, il murmura : — Ah! ce que j'éprouve à cette heure me fait oublier tout ce que j'ai souffert.

En effet, les traits de M. de Morsenne s'étaient profondément altérés depuis qu'il subissait l'empire de cette passion brûlante, désordonnée, presque maladive, comme les passions des hommes de son âge; l'insomnie, l'anxiété, la fièvre incessante, avaient porté le ravage dans cette organisation sénile, déjà usée par de nombreux excès.

Cédant à la juste observation de Ducormier, M. de Morsenne sut dominer son impatience pendant quelques moments encore; il tira de sa poche une lettre décachetée, la remit à Anatole, et lui dit à demi-voix d'un ton affectueux et pénétré :

— Lisez, mon cher, et vous verrez si je tiens ma promesse; mais dès que vous aurez lu cette lettre, il faut que je tombe aux pieds de Maria. Il le faut ! Ma réserve et mes forces sont à bout ; il me semble que mon cœur va se briser dans ma poitrine.

— Prince, encore quelques moments de *purgatoire*, — répondit tout bas Anatole en souriant ; — bientôt vous serez au paradis.

Et Ducormier prit la lettre que M. de Morsenne lui tendait. Sur l'enveloppe on voyait ces mots imprimés en lettres rouges : « Cabinet du ministre de l'intérieur. Confidentielle. »

Anatole lut ce qui suit, le tout écrit de la main du ministre :

« Mon cher collègue,

(Le ministre était aussi pair de France.)

« Vous ne pouvez douter de mon désir de
« vous être personnellement agréable ; je
« mets avec empressement à votre disposi-
« tion deux sous-préfecture de première
« classe, entre lesquelles vous pourrez choi-
« sir selon les convenances de votre protégé
« M. Ducormier. Ce que vous m'avez dit de
« lui, les services de différentes natures qu'il
« a déjà rendus au gouvernement du roi,
« dans des circonstances fort délicates, me
« sont un sûr garant de sa conduite à venir.

« Dans ce temps où tant de mauvaises

« passions s'agitent, où l'hydre de l'anar-
« chie pense incessamment à relever sa tête
« hideuse, il est urgent de placer dans l'ad-
« ministration politique, active et agissante,
« des hommes d'une grande fermeté, d'un
« dévoûment reconnu, qui, au besoin, se-
« raient impitoyables contre les fauteurs de
« ces doctrines subversives que nous avons
« tant de peine à contenir, lesquelles, selon
« votre pensée, à laquelle j'adhère de tout
« point, ne pourraient être radicalement
« détruites que par des *remèdes héroïques.*
« Mais un peu de patience; vienne notre
« nouvelle majorité, nous serons en me-
« sure d'agir, et vigoureusement, je vous
« l'assure.

« Croyez, mon cher collègue, que je m'es-

« timerai toujours très heureux de me met-
« tre à votre disposition, ainsi qu'à celle de
« vos amis même NON RALLIÉS : dites-leur
« bien que, si nous ne faisons pas pour leurs
« idées tout ce que nous désirons, c'est que
« nous sommes empêchés par quelques
« vieux restes de préjugés révolutionnaires
« dont est encrassée cette niaise bourgeoi-
« sie, avec laquelle il nous faut encore mal-
« heureusement compter; nous ne pouvons
« la heurter de front en ce moment, mais
« nous en aurons peu à peu raison *d'une fa-*
« *çon ou d'une autre.* Patience, patience : le
« clergé reprendra son influence, l'aristo-
« cratie la sienne, et, de *bons bataillons aidant,*
« nous musèlerons bourgeois et *faubouriens,*
« afin de replacer enfin sur ses seules bases
« solides et durables la société ébranlée jus-

« que dans ses fondements par ces secous-
« ses révolutionnaires qui se succèdent de-
« puis cinquante ans.

« Adieu, mon cher collègue, je vous réitère
« l'assurance de mon respectueux et entier
« dévouement.

« Comte d'Auberval. »

— Eh bien ! mon cher, êtes-vous content ?
suis-je un ingrat ?... — reprit le prince en
tendant la main vers Ducormier pour re-
prendre cette lettre confidentielle.

Mais Anatole mit gravement la lettre dans
la poche de son gilet, et répondit à M. de

Morsenne, qui le regardait d'un air ébahi :

— Vous me permettez, prince, de conserver cette lettre... j'ai la passion des autographes.

— Ah çà ! mon cher, vous moquez-vous du monde ? — dit M. de Morsenne avec anxiété ; — une lettre confidentielle !

— Justement, prince, ce sont les plus curieuses ; je les recherche, et vous n'avez pas d'idée, — ajouta Ducormier avec intention, — combien ma petite collection est déja intéressante, car je glane un peu partout.

M. de Morsenne reprit après un moment de réflexion, et en souriant d'un air forcé :

— Je comprends, mon cher, en homme positif, vous tenez à avoir des garanties. Votre nomination en poche, vous me rendrez cette lettre ?

— Précisément, prince.

— Soit, — dit M. de Morsenne.

Puis il ajouta avec une explosion de passion ardente :

— Où est-elle ? où est-elle ?

— Là, — répondit Anatole en désignant à M. de Morsenne une des trois portes ; — elle est là, dans cette chambre.

— Enfin ! — murmura M. de Morsenne, dont les traits se couvrirent d'une éclatante rougeur.

— Et il fit un pas vers la porte en tendant vers la serrure ses mains, tremblantes d'une fiévreuse émotion.

— Un moment, prince, — dit Anatole en se mettant sur le passage de M. de Morsenne, — il faut avant...

— Soyez donc tranquille, — reprit non moins bas le prince, interprétant à sa manière les paroles de Ducormier — j'ai là, dans ma poche, l'écrin et l'inscription de rentes.

Et il fit un nouveau mouvement pour se

diriger vers la chambre à coucher.

Ducormier s'interposa de nouveau en disant :

— Un moment, prince.

— Ah çà, mon cher, qu'est-ce que cela signifie ?

— Silence !... — fit Anatole d'un air mystérieux.

Et il ajouta : — Prince, restez un moment caché derrière le battant de cette porte que je vais ouvrir, et écoutez bien.

M. de Morsenne obéit machinalement à Anatole.

Celui-ci entr'ouvrit la porte et dit :

— Maria... mon ange !

— Pourquoi, au moment où j'arrive, m'enfermer et me laisser seule ainsi, Anatole ? — répondit la jeune femme d'une voix altérée.

—Un évènement imprévu, peu inquiétant, ma petite Maria, m'oblige de remettre à demain notre rendez-vous. Sors vite par la rue de *la Lune.* A demain ; ne crains rien, mon amour.

Et Ducormier, fermant à clef la porte qu'il

venait d'ouvrir, se retourna vers M. de Morsenne.

Le prince, blême, pétrifié, les yeux hagards, les lèvres tremblantes, croyait rêver; il ne pouvait trouver une parole; il venait de dîner plantureusement; le sang, affluant à son cerveau, paralysait momentanément ses esprits et enchaînait sa langue : il restait hébété.

Ducormier, profitant de cet anéantissement passager, souffla la seule bougie qui éclairait l'antichambre, et dit à M. de Morsenne, toujours immobile et n'osant d'ailleurs faire un pas dans les ténèbres :

— Prince, écoutez encore, et pas un mot :

votre fille ne sait pas que vous êtes là!

Et Ducormier, ouvrant la porte de la salle à manger, traversa rapidement cette pièce, et revint bientôt accompagné d'une personne qu'il guidait à travers l'obscurité, en lui disant :

— Encore une fois, n'aie pas peur, ma *Diane* bien-aimée, c'est une mesure de prudence.

— Mon Dieu! Anatole, je suis encore plus désolée qu'inquiète; — répondit la duchesse de Beaupertuis, — moi qui comptais passer cette soirée avec toi, chéri...

— Impossible; il y aurait danger, — reprit Ducormier en ouvrant la porte extérieure. — Demain je t'expliquerai tout, mon adorée. Passe par la porte du boulevard.

— Un baiser du moins, mon ange, — murmura madame de Beauperluis.

Et bientôt la porte du palier se referma sur elle.

Ducormier entendit alors le bruit sourd et pesant que fit M. de Morsenne en s'affaissant sur lui-même.

Cette double commotion, trop violente pour le vieillard, le frappait d'une espèce d'étourdissement apoplectique.

Ducormier fit jaillir l'étincelle d'une allumette chimique, et ralluma la bougie.

M. de Morsenne avait glissé dans l'angle d'un mur où il s'était d'abord appuyé, et au pied duquel il restait adossé, la tête penchée sur sa poitrine. Anatole le souleva, l'assit sur une chaise auprès d'une fenêtre qu'il ouvrit, desserra la haute cravate qui enserrait le cou du prince et faisait renfler ses joues, puis il attendit.

Au bout de quelques instants, l'air vif et frais du soir rappela M. de Morsenne à lui-même ; il passa d'abord ses deux mains sur son front baigné d'une sueur froide, comme pour rassembler ses souvenirs ; puis, la réalité se présentant à son esprit avec toutes ses horreurs, il trouva dans sa rage une force fébrile, bondit de sa chaise, et, les dents serrées de fureur, s'élança sur Anatole en s'écriant :

— Infâme !

Ducormier maîtrisa facilement le vieillard, l'éloigna de lui, et reprit d'un ton insolent et sardonique :

— Allons, *mon cher*, du sang-froid, et causons.

— Misérable gueux ! — murmura le prince. — Ma fille!... oser devant moi... Quelle audace !

— Ah! ah! *mon cher,* — reprit alors Ducormier, effrayant de haine dans son triomphe infernal : — ah! *mon cher,* vous m'avez jeté l'outrage à la face! Ah! vous m'avez offert d'être votre entremetteur! Ah! vous et vos pareils, vous n'avez eu que dédains et insultes pour Ducormier, le fils du petit boutiquier! Ah! grands seigneurs que vous êtes, vous l'avez dépravé, ce jeune homme! que dis-je, cet enfant, lorsque, candide et humble, il est venu vous demander à gagner honnêtement son pain par son travail! Ah! sans pitié pour l'innocence de cet adolescent, pauvre orphelin confiant et sans guide, vous l'avez froidement perverti, en en faisant l'instrument de vos ténébreuses et sales menées! Ah! mes austères défenseurs de la religion et de la fortune, vous avez à dessein plongé ce jeune homme dans votre atmosphère de corruption ! Ah ! vous l'avez dressé pour votre usage, à la bassesse, à l'astuce, au mensonge, à la trahison, à toutes les hypocrites et lâches fourberies ! Ah ! vous avez ainsi gangrené, perdu cette âme que Dieu avait faite loyale et pure ! Eh bien, mes maîtres, jouissez de votre ouvrage ; vous avez élevé, façonné le monstre ! gare au monstre ! gare au martyr devenu bourreau !

— Oh ! ce misérable, il m'épouvante ! — murmura le prince éperdu ! — Je veux sortir d'ici, je deviendrais fou ! ouvrez-moi ! ouvrez-moi !

La porte est fermée, mon cher, — répondit Ducormier avec un éclat de rire sardonique, — vous m'entendrez jusqu'au bout...

— Oui... oui, — balbutia le prince livide de frayeur et de rage, — triomphe un instant... mais je suis tout-puissant... tu t'en apercevras, malheureux !

— Certes, je compte fort, mon très cher, m'apercevoir de la toute-puissance de votre crédit. Ah çà ! croyez-vous bonnement que je sois resté si longtemps à l'école de vos amis les roués politiques pour m'en tenir à une stérile vengeance, pour me contenter de vous dire : « Mon prince, j'ai accepté « l'offre d'être votre entremetteur auprès de « Maria Fauveau pour avoir entrée dans « votre maison et séduire votre fille, tout en « courtisant à mon profit cette ravissante

« petite bourgeoise dont vous êtes si furieu-
« sement affolé... »

— Ah!... je n'y résisterai pas! — dit le prince anéanti, — ce gueux me tuera...

— Qu'en dites-vous, mon cher? Hein! pour un petit bourgeois, n'est-ce pas assez *talon rouge,* assez *Richelieu,* assez *Régence,* le double jeu que j'ai joué à l'endroit de votre luxure enragée et de votre fierté de race! Hein? vous souffler Maria et me faire aimer de votre fille! Mais ce n'est pas tout : vos amis les diplomates et les hommes d'Etat mes honorés maîtres m'ont appris à ne priser que peu ces creuses jouissances d'orgueil et de haine ; il me faut du solide... à moi.

— Que dit-il ? — s'écria le prince en mettant vivement ses mains sur ses poches, qui contenaient en diamants et en titres une valeur de plus de cinquante mille écus. — Je suis tombé dans un guet-apens... ce gueux-là va me dévaliser !

Ducormier partit d'un grand éclat de rire et reprit :

— Rassurez-vous, mon cher ; je suis d'une meilleure école ; je laisse ces vilenies vulgaires à ces pauvres diables abrutis par la misère, ou à des niais qui n'ont pas été initiés comme moi à la grasse pratique des *voleries d'Etat.* (On dit bien *secret d'Etat ? homme d'Etat ?*) Voyons, mon cher, est-ce qu'un député qui vend son honneur et son vote pour une place d'une vingtaine de mille francs par an, ira, en homme *peu sérieux*, friponner quelques milliers de livres, et risquer la cour d'assises? Est-ce qu'un ministre qui vend le secret de l'adjudication d'un emprunt ou d'un chemin de fer à de gros financiers, moyennant une large part dans leurs bénéfices, ira, en homme peu gouvernemental, grapiller quelques misérables sommes? Est-ce que tant de diplomates, de courtisans, qui mangent à l'auge des *fonds secrets*, iront se montrer assez inintelligents des douceurs du monarchisme constitutionnel pour tricher au jeu ou visiter la poche de leurs voisins? Allons donc, mon cher! j'ai mieux profité des leçons de mes maîtres.

— Ton impudence, malheureux, te coûtera cher! — s'écria le prince. — Je serai vengé!.

— Ah! mon prince, — reprit Ducormier avec une affectation de déférence sardonique, — ayez donc meilleure opinion de celui que vous avez choisi avec tant de discernement pour votre secrétaire intime! Perfectionné à votre service, il justifiera vos bontés en vous prouvant par son petit savoir-faire qu'il mérite cette puissante protection dont vous me parliez tout à l'heure, et dont j'userai et abuserai, s'il vous plaît, pour me créer une excellente position.

Le prince fit un soubresaut ; il ne pouvait croire à un tel excès d'effronterie.

Ducormier poursuivit avec un redoublement de respect ironique :

— Permettez-moi, mon prince, de vous faire une humble observation : il y a trois mois, je n'ai pas eu l'honneur de vous éclater de rire au nez, lorsque vous m'avez proposé une sous-préfecture, en récompense de l'honnête métier auquel vous me destiniez ; c'est que je voulais me mettre en mesure de pouvoir plus tard exiger de vous ce qui me conviendrait, mon respectable seigneur !

— C'est à ne pas y croire ! — reprit le prince abasourdi, — non, c'est à n'y pas croire !

— Voyons franchement, mon prince :

est-ce qu'un homme de ma trempe peut s'enterrer dans une sous-préfecture, voire même dans une préfecture, après avoir été commensal du brillant hôtel de Morsenne? Allons donc! je périrais d'ennui parmi ces sots de provinciaux; et puis, j'ai une sainte horreur des bourgeois de petites villes, moi. Que voulez-vous, mon prince, ce n'est pas ma faute : madame la duchesse votre fille m'a gâté...

— C'est horrible! s'écria M. de Morsenne en joignant les mains avec effroi; — quel monstre!

— Aussi, mon prince, ai-je eu l'honneur de vous dire... *gare au monstre!* — reprit Ducormier en minaudant et baissant les yeux avec un sourire ingénu et discret; — mais rassurez-vous, le *monstre* n'est pas un ogre. Que demande-t-il, après tou? A entrer dans une bienheureuse carrière qui consiste à mener grande et bonne vie, au milieu de la fine fleur des aristocraties de tous pays; à faire une cour cosmopolite aux plus jolies femmes de l'Europe, et à avoir des habits brodés, chamarrés de croix et de cordons; c'est, je crois, signifier à mon vénérable protecteur qu'il me fera la grâce de garder sa sous-préfecture pour quelques fils de député, ou quelque neveu de pair de France, et qu'il obtiendra pour moi la place maintenant vacante de *premier secrétaire d'ambassade... à* Naples.

— A-t-on idée de l'impudence de ce misérable drôle ! — s'écria M. de Morsenne avec un éclat de rire sardonique. — C'est inouï !

— Je prendrai la liberté de faire observer à mon honorable protecteur que la chose est difficile, très difficile, mais non point impossible. J'ai été pendant quatre ans secrétaire particulier de M. l'ambassadeur de France en Angleterre : M. le ministre de l'intérieur a la plus flatteuse opinion de mon petit mérite, ainsi que le prouve sa lettre (je la conserve précieusement) ; il pourra donc se joindre à mon excellent protecteur pour obtenir du nouveau ministre des affaires étrangères la faveur que je sollicite... Mais ce n'est pas tout.

Le prince fit un mouvement de stupeur.

Ducormier reprit avec candeur :

— Quoique pauvre et de race boutiquière, j'ai l'inconvénient d'être très vaniteux, j'aime extrêmement à faire figure, à dépenser. Or, pour l'honneur de la France que je dois être appelé à représenter, je compte assez sur l'inépuisable bonté de mon cher protecteur pour être certain qu'en outre de mes appointements, il me fera gratifier d'une pension de quinze mille francs sur les fonds secrets.

— Heureusement, — dit le prince, — il est en démence.

— En démence !... moi, mon Dieu ! — reprit Ducormier avec un accent de reproche mélancolique et doux. — En démence, parce que, pour obtenir une position à ma convenance, je m'adresse naïvement à mon protecteur naturel?

— Moi, misérable! ton protecteur naturel!

— Dame! — poursuivit Ducormier d'un ton à la fois touchant et ingénu, ne suis-je pas un peu votre enfant, un peu votre gendre? Car, enfin, votre fille...

— Scélérat! — s'écria le prince en se levant exaspéré.

Puis il retomba sur son siége en disant:

— Il me tue à petits coups!

— Allons, — reprit Ducormier avec un soupir, — puisque j'ai fait un appel inutile à votre cœur de père, il me faudra donc, mon pauvre prince, employer la contrainte morale. Hélas! oui. Ce mot vous étonne? Je serai clair Je vous ai confié ma passion pour les lettres autographes : je ne parle que pour mémoire de la lettre de M. le ministre de l'intérieur; je la garde, et au besoin elle me servirait de pièce justificative ; mais c'est une des moindres perles de mon écrin; car enfin, comprenez donc bien, mon pauvre prince, maintenant que je me suis ouvert à vous avec tant d'abandon, comprenez donc bien, dis-je, que je ne pouvais pas rester impunément pendant trois mois votre secrétaire intime. J'ai eu... ou j'ai su avoir tous vos papiers à ma disposition, même les plus secrets, même certain *portefeuille vert*.....

M. de Morsenne parut attéré ; il resta quelques moments sans mot dire, puis il s'écria avec horreur :

— Mais c'est une vipère que j'ai introduite chez moi ! Infamie ! Il aura forcé mes tiroirs !... Un tel abus de confiance...

— Abus de confiance ! Le mot est joli, — reprit Ducormier en souriant ; — Il me rappelle que votre honorable ami, M. l'ambassadeur de France à Londres, m'a dressé aux abus de confiance pratiqués de concert avec lui, vous savez ? lors de cette intrigue dont j'ai été le pincipal agent et qui a renversé ce ministère qui vous déplaisait si fort... Je vous avouerai même, à ce sujet, qu'en *écrémant* vos papiers, j'ai trouvé cette lettre de mon ancien patron, dans laquelle il vous disait que *mons Ducormier, quoi qu'il fût bon et prêt à tout, ayant l'inconvénient d'être fils d'un petit boutiquier, ne pourrait jamais être qu'une espèce de Figaro de bonne compagnie...* Je tiens à démentir, grâce à vous mon pauvre prince, cette prédiction-là. Je serai comme tant d'autres un Figaro officiel considéré, considérable et surtout bien renté... Ce soir donc, en rentrant, vous ferez l'inventaire de vos papiers... vous verrez ceux qui vous manquent (entre autres je signalerai à vos regrets deux tendres lettres de madame la baronne de Robersac, dans lesquelles cette vertueuse personne, si chère à votre cœur, vous parle, comme d'une chose tolérée par vous, de la liaison publique de votre femme avec le chevalier de Saint-Merry). Enfin, mon pauvre prince, d'après l'importance des pièces que je possède, vous jugerez de la modestie de mes prétentions.

— Mais, malheureux, tu oublies qu'il y a un code criminel, des tribunaux, des galères!

— Voyons, ne parlez donc pas comme cela étourdiment des galères, mon pauvre prince, vous législateur éminent : une soustraction de pièces sans autre valeur que leur importance morale ou politique, c'est simplement une affaire de police correctionnelle; je sais mon code, que diable! Mais je vais plus loin. S'agirait-il, en effet, des galères, mon pauvre prince? Est-ce que vous enverrez aux galères votre *gendre*... *à la mode de Cythère*, lui qui possède cent lettres de votre fille? Allons, mon prince, on ne me fait point de ces peurs-là, à moi. Donc, vous vous emploierez promptement, chaudement, à obtenir ce *que je veux!* sinon, je taille ma plume, qui n'est pas mal acérée, vous le savez, et m'appuyant sur une foule de pièces justificatives, je raconte au public, en un pamphlet sanglant, comment M. le prince de Morsenne, un des hommes les plus considérables de ce temps-ci, un des défenseurs de la religion et de la famille, non content d'avoir une maîtresse en titre et de tolérer l'amant de sa femme, est devenu amoureux fou d'une honnête bourgeoise, comment ce vertueux homme d'État a proposé à son secrétaire d'être son entremetteur, moyennant quoi ledit entremetteur serait nommé sous-préfet, et plus tard préfet ; comment enfin le secrétaire a trouvé piquant de séduire la petite bourgeoise pour son plaisir et la duchesse de Beaupertuis pour sa vengeance. Eh bien ! qu'en dites-vous, mon prince ? me ferez-vous un procès en diffamation ? soit ; mais les pièces authentiques auront été publiées, autographiées, leur retentissement aura été énorme ; or, je vous défie de n'être pas englouti, vous, votre famille et vos amis, dans la tempête épouvantable de scandale que je soulèverai.

— Mon Dieu ! mon Dieu ! — s'écria le prince avec égarement, — et ce n'est pas un rêve ! Moi, moi et les miens nous serions à la merci d'un pareil monstre !

Après un moment de réflexion, M. de Morsenne reprit en affectant l'assurance :

— Allons donc ! j'étais bien bon de le craindre, ce drôle là ! Un mot au préfet de police en sortant d'ici. Ce Ducormier doit appartenir à quelque société secrète. Un bon mandat d'amener, quinze jours ou trois semaines de secret, six mois de prison préventive, et l'on verra plus tard. Ah ! ah ! vous me croyiez désarmé, scélérat ! ah ! vous parliez de mon crédit ! Vous en aurez la preuve, de mon crédit...

Ducormier haussa les épaules et reprit :

— Je sais à merveille qu'entre hauts fonctionnaires, mon digne législateur, vous ne vous refusez pas, au besoin, le service d'un mandat d'amener suivi *du secret* et de la *prévention*. Sous prétexte de conspiration ou de mesure politique, ces lettres de nos jours ont cours dans notre beau pays de liberté. Mais, ô patriarches de mœurs antiques ! mes papiers... pardonnez ce mot trop possessif, vos papiers, veux-je dire, sont en lieu sûr, entre bonnes mains. Le secret où vous me ferez tenir aura un terme, et cette arrestation arbitraire sera d'un excellent effet dans mon pamphlet. Et puis enfin, vous oubliez toujours, mon pauvre homme, que c'est votre gendre à la mode de Cythère qu'il s'agit de coffrer, et il parlera, si clos que soit le coffre: ainsi donc, pas de ces récréminations puériles ; subissez de bonne grâce mes conditions, mon intérêt vous répond de mon silence.

— C'est à devenir fou !

— En effet, mon pauvre prince, vous ne me paraissez plus raisonner avec votre lucidité ordinaire ; aussi n'est-ce point à cette heure que je vous demande une réponse sérieuse. Demain, sur les deux heures, j'irai causer avec vous ; vous serez calme, vous aurez constaté les papiers qui vous manquent, et, envisageant alors votre position de sang-froid, vous aurez retrouvé cette sûreté de coup d'œil, cette rapidité de décision qui vous caractérisent. Vous reconnaîtrez surtout que je ne suis point, après tout, un garçon trop malhabile, et qu'il y a, je crois, en moi l'étoffe d'un diplomate... Hein ?

A ce moment, un assez violent coup de sonnette se fit entendre dans l'antichambre.

Le prince se leva en pâlissant et s'écria presque épouvanté :

— On sonne ici !

— Je sais ce que c'est, — répondit froidement Ducormier.

V

V

Ducormier, après avoir dit à M. de Morsenne, en entendant le coup de sonnette :
Je sais ce que c'est, se dirigea vers la porte,
puis, réfléchissant, il revint auprès du prince,
et ajouta à demi voix :

— Je suis ménager de mes moyens... Vous

connaissez la personne qui va entrer ici ; cette personne n'est nullement instruite de ce qui s'est passé. Il est de votre intérêt de la laisser dans cette ignorance. Seulement, au besoin, elle pourrait témoigner de votre présence dans cette maison... Mais *M. de Saint-Géran* s'impatiente, — ajouta Ducormier en entendant retentir un nouveau coup de sonnette et se dirigeant vers la porte.

— M. de Saint-Géran, — s'écria le prince.

— Lui-même, — répondit Anatole. — Ainsi donc, monsieur, — ajouta-t-il en s'adressant au prince d'un ton impérieux et dur, — *quinze mille francs de pension sur les fonds secrets, la place de premier secrétaire d'ambassade de Naples,* voilà ce que je veux ; pour l'obtenir, je vous donne trois jours. Vous me connaissez... Maintenant, réfléchissez.

Et Ducormier alla ouvrir la porte à M. de Saint-Géran. Celui-ci, à la vue d'Anatole et du prince, parut fort étonné.

Ducormier, quittant alors le ton d'insolente et ironique familiarité dont il s'était jusqu'alors servi envers M. de Morsenne, lui dit en s'inclinant :

— Adieu, prince ; j'espère que les graves intérêts que nous venons de débattre auront pour nous deux une solution satisfaisante.

— Prince, — dit M. de Saint-Géran, de plus en plus surpris en s'adressant à M. de Morsenne, — je ne croyais pas avoir l'honneur de vous rencontrer ici...

Mais M. de Morsenne, dont les forces étaient à bout et dont l'esprit s'égarait au milieu de tant de violentes émotions, salua d'un geste hâté M. de Saint-Géran et sortit brusquement.

Ducormier, s'adressant alors à M. de Saint-Géran, lui dit :

— Je n'ai pas, monsieur, l'honneur d'être connu de vous ?

— Vos traits, monsieur, ne me sont pas complètement étrangers, il me semble vous avoir rencontré à l'hôtel de Morsenne.

— En effet, monsieur... je suis secrétaire intime du prince...

— Puis-je savoir, monsieur, quel rapport il y a entre votre prince ici et une lettre anonyme...

— Dans laquelle on vous dit, n'est-ce pas, monsieur : « que sachant l'intérêt que vous « portiez à ce qui concernait mademoiselle « Clémence Duval, on vous invitait à venir « ce soir dans cette maison, dont on vous « donnait l'adresse. »

— Oui, monsieur..... et cette lettre anonyme...

— C'est moi qui vous l'ai écrite, monsieur.

— Et dans quel but? — demanda M. de Saint-Géran, de plus en plus surpris.

— Je vais satisfaire de tout point votre curiosité, monsieur.

— Je vous écoute...

— Monsieur, — reprit Ducormier, — vous êtes un très-grand seigneur... l'antiquité de votre race se perd dans la nuit des temps...

— Qu'est-ce à dire, monsieur ? est-ce une plaisanterie ?

— Permettez-moi de continuer, monsieur : vous êtes, non-seulement un très-grand seigneur... mais vous êtes fort riche... puissamment riche.

— Eh bien, monsieur, que concluez-vous de cela ?

— Je conclus, monsieur, qu'il y a de vous à moi une immense distance, car je ne suis qu'un pauvre diable de secrétaire, sans nom, ni sou, ni maille.

— Il ne s'agit pas, monsieur, d'établir ici ces différences de position sociale.

— Il s'agit au contraire de cela, monsieur; j'y tiens et pour cause.

— Ces énigmes finiront-elles bientôt, monsieur ?

— Dans un instant vous en saurez le mot.

— Hâtez-vous donc, monsieur.

— En votre double qualité de grand seigneur et d'homme puissamment riche, vous vous êtes imaginé, monsieur, d'épouser mademoiselle Clémence Duval.

— Assez ! — s'écria M. de Saint-Géran

avec un accent douloureux et courroucé, — pas un mot de plus.

— Il m'en coûte, monsieur, de ne pouvoir vous obéir, — reprit Ducormier d'un ton de déférence ironique ; — mais vous me permettrez de continuer, s'il vous plaît.

— Monsieur, prenez garde, prenez garde!

— A quoi ? — demanda résolument Ducormier.

Après avoir contenu un violent mouvement, M. de Saint-Géran dit d'une voix sourde, en suite d'un moment de réflexion :

— Poursuivez, monsieur.

— Je conçois parfaitement, monsieur, que vous soyez devenu passionnément épris de mademoiselle Clémence Duval, — reprit Ducormier, — et que vous ayez eu la pensée de l'épouser ; c'est un ange par le cœur et par la beauté. Ce que je conçois moins, c'est qu'après un refus formellement motivé par mademoiselle Duval, vous ayez persisté dans vos poursuites ; ce que je ne conçois pas, c'est qu'aveuglé sans doute par l'éclat de votre rang et de votre opulence, vous ayez, en réitérant vos efforts, paru confondre mademoiselle Duval avec ces femmes qui vendent leur âme pour un titre et pour de l'argent.

— Je crois, Dieu me damne ! — s'écria M. de Saint-Géran outré de ces paroles, —

je crois que c'est une leçon que vous voulez me donner.

— Si c'est une leçon, telle en serait la moralité, monsieur : il est bon parfois de prouver à ces gens si vains de leur opulence, si fiers de leur race, qu'il ne suffit pas de ces avantages pour conquérir tous les cœurs, et que là où de riches et grands seigneurs ne rencontrent qu'indifférence ou dédain, l'on voit souvent triompher *une espèce*, ainsi que l'on nous appelle volontiers dans un certain monde, nous autres pauvres diables, gens de peu ou de rien, qui n'avons pour nous faire aimer que notre cœur, notre esprit et notre amour.

— Mordieu ! monsieur, — s'écria M. de Saint-Géran, — cette insolence...

— Plus bas, dit soudain Ducormier à demi-voix en saisissant fortement la main de M. de Saint-Géran; — demain je serai prêt à vous donner toute satisfaction : vous me trouverez chez le prince de Morsenne, où je demeure.

— Mais, monsieur...

— Plus bas, monsieur, vos éclats de voix pourraient traverser la pièce voisine et arriver au fond de cet appartement, où se trouve une femme que vous ne voudriez pas effrayer par vos inutiles emportements.

— Une femme ?

— Oui, une femme qui portera bientôt

mon nom, puisqu'elle est ici, seule, à cette heure, confiante dans mon amour, qui, vous le voyez, lui inspire plus de créance que le vôtre ; car Clémence Duval a refusé votre main, à vous, opulent et grand seigneur, pour être à moi sans condition. Entendez-vous ? sans condition !...

A ces mots, M. de Saint-Géran tressaillit de stupeur, et s'écria avec un inexprimable accent de douleur, de jalousie et de rage :

— Mademoiselle Duval vous aime ?

— Tendrement.

— Elle est ici... seule... chez vous !

— Oui.

— Vous mentez !

— Un outrage de plus ! Plus tard nous réglerons nos comptes, — reprit froidement Anatole ; mais vous sentez bien, monsieur, que si je vous ai fait venir ici, c'est pour me donner le plaisir de vous offrir une certitude qui vous navre, qui vous désespère ; il ne tient qu'à vous de l'acquérir, et vous n'y manquerez pas : je connais les amoureux. Vous allez donc sortir d'ici avant moi ; vous m'attendrez à quelque distance de la porte ; le boulevard est brillamment éclairé : vous verrez si la femme qui sortira d'ici à mon bras n'est pas Clémence Duval. Faites mieux poussez plus loin l'épreuve. Abordez-nous ;

racontez à ma bien-aimée Clémence ce qui vient de se passer ici entre vous et moi ; elle approuvera, j'en suis certain, la leçon que je viens de vous donner, et ne niera pas son amour pour moi. Elle est libre, et doit être ma femme.

La surprise, la colère, surtout le désespoir de M. de Saint-Géran étaient tels qu'il laissa Ducormier parler sans l'interrompre.

Puis cet homme au cœur loyal et généreux ne pouvant comprendre pourquoi Ducormier, qu'il ne connaissait pas, se plaisait à le torturer ainsi, en l'écrasant de son triomphe, s'écria :

— Mais quelle est donc la cause de votre haine contre moi, monsieur ?

— Quelle en est la cause ? — s'écria Ducormier, effrayant de haine et d'envie. — Quelle en est la cause ? Vous me le demandez ?

Mais, trop prudent pour ne pas se dominer, il reprit avec un sourire sardonique :

— J'ai désiré avoir l'honneur de vous faire verbalement part de mon prochain mariage avec mademoiselle Duval, parce qu'il m'a paru de bon goût de vous instruire d'un évènement qui devait vous intéresser autant.

Ce nouveau sarcasme rendit à M. de Saint Géran toute sa colère, mais en homme de valeur et de dignité, il resta calme et reprit :

— Vous l'eussiez emporté sur moi auprès de mademoiselle Duval, sans m'apprendre votre avantage d'une façon si outrageante, que j'aurais respecté en vous, monsieur, le choix d'une personne qui me sera toujours sacrée, d'une personne pour qui je ressens à ce moment même un redoublement d'intérêt, car, si vous ne mentez pas impunément, elle court à sa perte en ayant une aveugle confiance dans un homme aussi froidement méchant que vous l'êtes, monsieur. Je ne vous connais pas ; j'ignorais vos prétentions à la main de mademoiselle Duval, je ne pouvais donc avoir la pensée de vous blesser, de vous humilier en rien.

— Ces excuses, monsieur, ne...

— Des excuses! — reprit M. de Saint-

Géran en interrompant Ducormier, qu'il toisa dédaigneusement. — Vous me faites pitié ! Je reprends. Je ne savais donc vous blesser en rien en offrant ma main à une personne digne, je le crois encore, de l'estime et de l'amour d'un honnête homme sincèrement épris, qui n'avait contre lui que son rang et sa fortune. Vous êtes préféré, monsieur : au lieu de vous montrer, je ne dirai pas généreux (il est des générosités que je n'accepte pas), mais au lieu de vous montrer indifférent pour un rival évincé, vous m'attirez ici par une lettre anonyme dans un espèce de guet-apens d'insolences de toutes sortes ; et pourquoi? pour m'apprendre qu'un *homme de rien*, comme vous vous appelez si orgueilleusement, peut l'emporter sur un opulent grand seigneur comme moi ?...... Vous sentez, monsieur, que quelque droit que l'on ait de mépriser certaines insultes, il faut pourtant se résigner à les châtier ; j'essaierai.

— Cette modestie me plaît.

— Par une dernière marque de déférence pour mademoiselle Duval, dont la bonne renommée me préoccupe plus que vous, je ne veux pas, quant à moi, que son nom soit prononcé dans cette affaire.

— Cela me convient à merveille, monsieur, je n'attendais pas moins de votre *gentilhommerie*. Nous dirons à nos témoins, si vous le voulez, que... que vous m'avez marché sur le pied, je suppose, que des vivacités s'en sont suivies, et qu'une réparation réciproque est devenue indispensable.

— Soit, monsieur... Savez-vous manier une épée ?

— Suffisamment, monsieur. J'espère vous le prouver.

— Quand ?

— Mais demain matin.

— A quelle heure ?

— Neuf heures, si vous voulez.

— En quel lieu ?

— Choisissez.

— Au bois de Vincennes.

— Au bois de Vincennes.

— Le rendez-vous ?

— En dehors de la barrière Saint-Antoine. La première voiture arrivée attendra l'autre.

— Très bien.

Ces paroles échangées, Ducormier ouvrit

la porte à Saint-Géran, qui descendit lentement l'escalier.

Cet homme de cœur souffrait affreusement.

Non seulement la beauté de Clémence Duval avait fait sur lui une impression profonde et de longtemps ineffaçable; mais, ainsi qu'il l'avait dit à Ducormier, il craignait sincèrement pour elle l'avenir que semblait lui réserver son choix.

Anatole avait proposé à M. de Saint-Géran de s'assurer par lui-même si en effet Clémence Duval était venue seule, la nuit, dans l'appartement dont il sortait. Longtemps M. de Saint-Géran hésita, c'était s'exposer volontairement à un coup inutile et cruellement douloureux ; mais, ainsi que cela arrive presque toujours, M. de Saint-Géran, cédant à cet attrait fatal qui nous pousse à aggraver volontairement nos souffrances, se plaça dans l'ombre formée par la saillie d'une des maisons du boulevard, et attendit.

Son attente ne fut pas longue : un quart d'heure environ après avoir quitté Ducormier il le vit, à la lueur étincelante des becs de gaz, sortir de la maison avec Clémence Duval, descendre le boulevard jusqu'au coin de la rue Saint-Denis où se trouve une place de fiacres, et monter dans l'une de ces voitures avec la jeune fille.

— Oh ! je tuerai cet homme ! il me fait

trop souffrir! — murmura M. de Saint-Géran d'une voix sourde, en essuyant des larmes de douleur et de rage.

VI

VI

Le lendemain du jour où avaient eu lieu les scènes précédentes, Maria Fauveau, pâle, la figure bouleversée, descendit de fiacre vers les deux heures, à la porte du docteur Bonaquet et courut à la loge du portier, lui disant, d'une voix presque défaillante :

— Monsieur Bonaquet est-il chez lui ?

— Non, Madame, — répondit le concierge, — il est sorti.

— Et madame Bonaquet, est-elle chez elle ?

— Non, Madame.

— Mon Dieu! mon Dieu! — murmura la jeune femme, — quel contre-temps! — Puis, s'adressant au portier: — Je vais toujours monter, j'attendrai que M. Bonaquet ou sa dame soient de retour.

— Mais, Madame, c'est inutile; M. et madame Bonaquet sont partis en poste il y a deux heures.

— Partis! — s'écria la jeune femme avec un accent déchirant, — partis!!

— Oui, Madame. Il paraît qu'une des parentes de madame Bonaquet, de chez qui elle était revenue seulement hier, est tombée tout à coup grièvement malade dans sa province. L'homme de confiance de cette dame est arrivé, en voiture de voyage, pour chercher M. le docteur. Pendant qu'on était allé changer de chevaux à la poste, M. et madame Bonaquet ont fait en hâte leurs préparatifs, puis ils sont montés dans la voiture qui venait d'amener l'homme de confiance de leur parente, et ils sont partis bride abattue. Mais, Madame, vous pâlissez, vous allez tomber, prenez garde ! Ah ! mon Dieu ! pauvre petite dame, elle se trouve mal ; ma femme, ma femme, viens vite ! — s'écria le portier en recevant dans ses bras Maria presque évanouie. Grâce aux soins empressés de la femme du portier, madame Fauveau, après une longue crise nerveuse, revint à elle, reprit ses esprits, et acquit de nouveau la désespérante conviction du départ de M. et madame Bonaquet. Alors, Maria quitta la maison la mort dans l'âme, paya son fiacre, suivit quelque temps le quai ; puis voyant, à peu près en face du Pont-Neuf, un modeste hôtel garni, elle y entra, demanda une petite chambre, du papier, une plume, et souvent interrompue par les larmes dont son visage pâle et morne, visage autrefois si riant et si vermeil, était inondé, elle écrivit la lettre suivante :

« Mon bon père, ma bonne mère,

« Ce matin, vous m'avez chassée de chez vous comme une infâme, sans vouloir m'entendre. Je ne me plains pas; toutes les apparences sont contre moi. Vous devez m'accuser, mais moi je veux vous dire la vérité, toute la vérité; de ma vie, vous le savez bien, je n'ai menti. Excusez-moi s'il n'y a pas beaucoup de suite dans ma lettre, j'ai la tête perdue! Laissez-moi d'abord vous rappeler ce qui s'est passé ce matin.

« A dix heures, Joseph est entré dans la

chambre de maman, où nous étions. Quoiqu'il eût coupé sa barbe, il avait l'air si effrayant, si terrible, que nous avons tous trois poussé un cri. Alors il s'est avancé vers moi, et m'a dit d'une voix sourde qu'on entendait à peine :

« — Maria, hier soir, à six heures et demie, la domestique est allée chercher un fiacre rue de Bourgogne, et vous êtes montée dans cette voiture devant la boutique ?

« — C'est vrai.

« — Vous aviez un châle orange et une capote blanche ?

« — Oui.

« — Ce fiacre vous a conduite à la porte d'une maison de la rue de la Lune ?

« — Oui.

« — Là, vous êtes montée au second, et Anatole vous a ouvert ?

« — Oui.

« — Au bout de quelques instants il vous a fait sortir d'une chambre où vous étiez en vous disant : « Ma petite Maria, il faut re-
« mettre notre rendez-vous à demain.

« — C'est encore vrai. Maintenant, Joseph, écoute-moi.

« — Infâme ! s'est écrié mon mari ; et puis

ses genoux ont faibli ; il est tombé à la renverse comme foudroyé. Alors, pendant que toi, pauvre maman, tu courais à Joseph pour le secourir, papa s'est précipité sur moi m'a prise par les épaules, et malgré mes prières m'a mise hors de chez nous en me disant :
« Sors d'ici, et n'y rentre jamais, misérable !
« tu es la honte de notre vieillesse !

Maria s'interrompit un moment d'écrire pour essuyer ses larmes et continua sa lettre.

« Voilà, n'est-ce pas, maman, ce qui s'est passé ? car c'est à toi que je m'adresse. Papa ne voudra ni lire ni entendre lire ma lettre. Je ne m'en plains pas ; il doit me croire coupable. Pourtant, sur la vie de ma pauvre petite Louise, je suis innocente : tu me croiras peut-être, toi, maman. Enfin, lis toujours ; qu'est-ce que cela te fait de lire cette lettre ? C'est la dernière grâce que je te demande si jamais je ne dois te revoir.

« Mon Dieu ! mon Dieu ! comment te faire comprendre les raisons qui m'ont poussée à une démarche dont je sens maintenant toute la gravité ! Enfin, je vais essayer ; mais je t'en conjure, petite maman, ne t'impatiente pas ; il faut que je reprenne les choses d'un peu loin.

« Tu sais qu'il y a environ trois mois je t'ai parlé de propositions ignobles... hélas ! j'en riais alors, que l'homme de confiance d'un prince m'avait faites. Je t'ai demandé si je devais ou non en parler à Joseph ; tu m'as répondu que oui. Le hasard a fait que M. Anatole, ami de mon mari, était secrétaire de ce prince. Celui-ci, sachant que M. Anatole nous connaissait, avait eu l'infamie de lui dire : « Si vous réussissez à me « faire écouter de madame Fauveau, votre « fortune est faite. »

« Pauvre petite maman; tu ne veux pas me comprendre ! Tout cela est si vilain, si embrouillé, que tu croiras que j'invente; et puis la tête me tourne, comme si j'avais à chaque instant des étourdissements. Enfin, je vais tâcher que ce que j'ai à te raconter soit clair pour toi.

« M. Anatole, indigné de la proposition

du prince, a pourtant feint d'accepter, puis il est venu nous dire, à Joseph et à moi : — « Je veux me venger et vous venger aussi « de ce vieux libertin ; il a une fille très « belle, je tâcherai de la séduire pendant « que je serai censé parler à madame Fau- « veau dans l'intérêt du prince, de manière « qu'un beau jour je lui dirai : Prince, « Maria vous attend chez elle. Il viendra, et « alors, devant toi, Joseph, et ta femme, je « lui dirai. — Pendant que vous croyiez que « je m'occupais de séduire madame Fau- « veau à votre profit, je séduisais votre « fille. » — Voilà la vengeance que M. Anatole voulait pour lui et pour nous.

« Tu te rappelles, petite maman, qu'à dater de ce temps-là Joseph a commencé à être triste, préoccupé. Il n'était plus le même pour moi... Il me parlait souvent avec brusquerie, parfois avec dureté. Tu le sais, maman, je t'ai dit la peine et l'étonnement que me causait ce changement. Tu m'as répondu :

« — Maria, patiente, mon enfant; il y a dans les ménages de bons et de mauvais jours; tu as eu les bons; maintenant c'est au tour des mauvais; les bons reviendront, mais patiente. »

« J'ai patienté, car j'aimais toujours Joseph. Son caractère est devenu de plus en plus sombre, irritable. Il me faisait des scènes pour un rien. Je tâchais de le calmer, d'être bien gentille, de l'égayer, de le tirer de ses idées noires. Je n'y parvenais presque jamais, et je pleurais en cachette toutes les larmes de mon corps. Tu l'ignorais, car je ne voulais pas être toujours à te chagriner de mes peines ; et quand le dimanche tu devinais malgré moi ma tristesse, tu me disais :

« — Eh bien ! ces mauvais jours, ça dure donc encore ?

« Je te répondais : — « Encore un peu, maman, mais je patiente, les bons jours reviendront, je l'espère. » — Hélas ! c'était le contraire. Aussi, n'y pouvant plus tenir, j'ai eu avec Joseph une explication, le suppliant de me dire ce qu'il avait contre moi. Alors j'ai su qu'il était jaloux, sans pourtant savoir de qui ou de quoi, et il m'a dit :

— « Pour que le prince t'ait fait proposer de l'argent, il faut qu'il ait couru dans le quartier de mauvais bruits sur ton compte. »

« Je t'ai dans le temps raconté cette scène, petite maman, sans t'avouer que ce jour là ce pauvre Joseph, qui n'avait plus la tête à lui, m'avait battue. Je ne lui en ai pas voulu. Il était comme fou. Tu m'as dit :

« — Patiente encore : la jalousie, c'est un feu de paille. Ça flambe et ça s'éteint aussi vite que ça s'est allumé. Sois douce, résignée, conduis-toi comme toujours en honnête femme, ton Joseph verra tôt ou tard que ses soupçons n'ont pas le sens commun. Enfin, il te reviendra. »

« J'ai écouté tes conseils. Mais par malheur Joseph s'est alors adonné à l'eau-de-vie. J'ai passé, vois-tu, sans te l'avouer, petite maman, des jours affreux ! Ce n'était rien encore quand j'étais seule avec Joseph. Mais être injuriée, maltraitée devant ma petite fille, qui voyait son père à moitié gris, cela me fendait le cœur. Et je me disais en pleurant :

« — Mon Dieu ! mon Dieu ! si cet indigne prince ne m'avait pas fait ces ignobles propositions, moi et mon mari nous serions heureux comme par le passé, car Joseph, à chaque scène, me répète toujours : — « Si le prince t'a proposé de l'argent, c'est qu'il court dans le quartier de mauvais bruits sur toi. Si tu ne m'aimes plus, c'est que tu as un amant! »

« Que veux-tu que je te dise, maman! A force de m'entendre reprocher toujours la même chose par Joseph, à force de souffrir de ses mauvais traitements, moi qui de ma vie n'avais jamais haï personne, j'ai peu à peu senti s'augmenter ma haine contre ce maudit prince, l'auteur de nos chagrins, et c'est, tu vas le voir, pauvre chère maman, cette haine qui a fait tout le mal : M. Anatole venait nous voir de temps à autre; jamais il ne m'a fait la cour ni dit seulement un mot qui ressemblât à de l'amour. J'éprouvais plutôt pour lui de la répugnance qu'autre chose, quoiqu'il prît toujours mon parti contre ce pauvre Joseph. Il le grondait, tâchait de le ramener à la raison, et nous disait : — Bientôt nous serons tous vengés. — Alors, moi, au lieu de plaindre la fille du prince comme par le passé, je disais à M. Anatole : — « Tâchez qu'elle vous aime passionnément, cette belle duchesse, et puis un jour, apprenez-lui que vous vous êtes moqué de son amour; elle en mourra de chagrin, tant mieux, ce sera l'affliction des vieux jours de son père. »

« Vois, maman, comme le malheur m'avait rendue injuste et méchante. Enfin, avant-hier, mon mari m'a fait une scène si affreuse devant ma petite fille que je lui ai dit :

— « Joseph, il m'est impossible de supporter une vie pareille, je suis à bout. Je mourrais à la peine, et mon enfant a besoin de moi. J'irai vivre chez mes parents.

— « Je suis alors venue vous raconter, à papa et à toi, tout ce que je souffrais depuis deux mois surtout, sans m'être jamais plainte. Vous ne m'avez pas pris pour une menteuse, car papa m'a répondu :

— « Maria, je ne veux pas que tu sois plus longtemps un souffre-douleur : je vais aller trouver ton mari et lui signifier que s'il ne change pas de conduite, nous te reprenons avec nous.

« Nous sommes retournés avec papa au magasin. Il a monté à la petite chambre que Joseph avait louée au cinquième pour pouvoir se livrer sans gêne à son goût pour la boisson. Mon mari était étendu sur son lit ayant une bouteille d'eau-de-vie aux trois quarts vide à côté de lui. Le pauvre malheureux était ivre-mort. Papa n'a pu tirer un mot de lui. Alors il m'a dit :

— « Mon enfant, j'en ai trop vu. Fais tes paquets; demain tu viendras habiter chez nous avec ta petite fille.

« A peine papa était-il sorti que je suis

montée chez Joseph. Je me suis jetée à genoux devant son lit. Il n'entendait rien, ne sentait rien. J'ai pleuré sur lui comme sur un mort à qui l'on fait les derniers adieux. Cela me déchirait le cœur de voir mon pauvre Joseph ainsi sans entendement, avec ses cheveux et sa barbe hérissés, lui autrefois si beau, si rangé, si bon ; lui que j'aurais encore tant aimé s'il l'avait voulu. Je lui disais adieu pour toujours. Oh ! cet adieu, je ne le lui disais que des lèvres. Il me semblait impossible d'abandonner ainsi à lui-même et dans son malheur le père de ma petite fille. Je lui pardonnais ses injustices, sa jalousie folle, car il avait souffert autant que moi, et comme moi il n'eût demandé qu'à vivre heureux et tranquille. Je me rappelais sa tendresse tant qu'il n'avait pas eu la tête bouleversée. Je me rappelais notre petit ménage si gai, si heureux, qui faisait l'envie de tous nos voisins. Je me disais : — Sans cet indigne prince, dont les propositions ont rendu mon pauvre Joseph défiant et jaloux, nous serions aussi heureux que par le passé. — A ce moment, oh! maman, je te le jure par toi, par mon père, par la vie de ma chère petite fille! à ce moment M. Anatole est entré. Notre bonne lui avait dit que j'étais en haut. A la vue de M. Anatole, je me suis écriée comme en délire en lui montrant mon pauvre Joseph.

« — Voilà ce qu'il a fait, votre prince!

« — Voulez-vous venger Joseph? — me

« dit aussitôt M. Anatole. — Oui, voulez-
« vous venger Joseph et vous-même d'une
« manière terrible ?

« Oh ! je donnerais, je crois, ma vie pour
cela, — ai-je répondu, car j'étais folle, et je
vois maintenant que la sorcière n'avait peut-
être pas tort dans sa prédiction.

« — Il ne s'agit pas, Dieu merci, ma pau-
« vre madame Fauveau, de tuer le prince,
« mais de lui causer une douleur cent fois
« pire que la mort, — me répondit M. Ana-
« tole. — Consentez à venir ce soir à sept
« heures dans une maison que je vous dési-
« gnerai ; vous n'y resterez pas dix minu-
« tes : vous n'aurez qu'à me dire seulement

« lorsque j'ouvrirai la porte de la chambre
« où vous serez entrée : — Anatole, pour-
« quoi m'as tu laissée seule ? — Ces mots
« dits, la porte se refermera sur vous ; vous
« quitterez la maison et vous laisserez le
« prince plus sûrement frappé au cœur que
« s'il avait reçu un coup de poignard, car il
« est amoureux de vous comme le sont les
« vieux libertins, c'est-à-dire avec frénésie ;
« jugez de sa douleur atroce, de la rage de
« son orgueil lorsqu'il croira, d'après vos
« paroles, que vous m'aimez, et qu'il n'a été
« que ma dupe. Et ce n'est pas tout : je ferai
« venir à la même heure, dans le même ap-
« partement, sa fille, qui est ma maîtresse,
« et il le saura, de sorte que le vieux scélérat
« sera frappé coup sur coup ; il n'y a pour
« vous aucune indiscrétion à craindre ; le

« secret sera entre vous et moi. Quant au
« prince, la honte l'empêchera de jamais
« parler. »

« Que te dirai-je, maman ! j'avais la tête perdue ; j'ai, par haine contre le prince, cause de tous nos malheurs, suivi le mauvais conseil de M. Anatole, songeant qu'au moins, mon pauvre Joseph et moi, nous serions vengés. J'ai pris un fiacre, je me suis rendue dans la maison dont M. Anatole m'avait donné l'adresse, il m'a ouvert la porte, et, selon que nous en étions convenus, je lui ai dit :

« — Anatole, pourquoi m'as-tu laissée seule ?

« — Parce qu'une affaire me force de re-

« mettre notre rendez-vous à demain, ma
« petite Maria ; va, ne crains rien, descends
« par l'autre escalier. » En disant ces mots,
M. Anatole a refermé la porte. J'ai suivi un
corridor qu'il m'avait indiqué, je suis descendue tout de suite et j'ai quitté la maison,
où je ne suis pas seulement restée dix minutes. En sortant, j'ai repris mon fiacre ; il m'a
conduite chez toi ; en route, j'ai réfléchi à ce
que je venais de faire, je sentais que j'avais
eu tort, mais j'étais vengée du prince, cause
de tous nos chagrins. Pourtant j'ai été sur le
point de tout t'avouer en arrivant chez toi,
mais j'ai hésité, à cause de papa, et j'ai attendu le moment où je serais seule avec toi ;
nous avons passé la soirée à parler de Joseph, et je t'ai dit :

« — Je sens que je n'aurai jamais le cou-

« rage d'abandonner Joseph : ce serait lâ-
« che à moi; il se perdrait tout à fait. C'est,
« après tout, le père de ma petite fille, et
« j'aime mieux souffrir autant et plus que je
« n'ai souffert, que de laisser mon mari
« ainsi tout seul au milieu de son malheur et
« de son désespoir.

« — Il faut d'abord voir quel effet lui fera
« votre séparation, — a repris papa; — il
« est possible que ce soit pour lui une leçon
« dont il profitera, et alors, mon enfant,
« nous serons les premiers à te conseiller de
« revenir à ton mari.

« Après avoir ainsi causé avec toi et papa,
je suis allée me coucher avec ma petite fille,
j'ai eu des rêves affreux : je me voyais sur

l'échafaud, et la sorcière me disait : « Souviens-toi de mes prédictions ! » Après cette triste nuit, je me suis levée, je voulais retourner au magasin, tant j'étais inquiète de mon pauvre Joseph ; toi et papa vous m'avez dit : « Attends encore, Maria. Pour que la leçon profite à ton mari, il faut qu'elle soit complète. » Au moment où vous me parliez ainsi, Joseph est entré. Il m'a interrogée, j'ai répondu la vérité. Le pauvre malheureux ne m'a pas laissé achever, il a dû me croire coupable ; toi aussi, papa aussi, vous m'avez chassée de la maison.

« Voilà, maman, toute la vérité. Ma première pensée a été de courir chez monsieur et madame Bonaquet ; ils m'auraient crue, eux, j'en suis sûre, et ils m'auraient aidée à te convaincre, toi, papa et mon pauvre Joseph, s'il survit au coup qui l'a frappé, mais M. Bonaquet était en voyage avec sa dame. Comment mon mari a-t-il été instruit de ce qui s'est passé hier soir dans cette maison? Il n'a pu le savoir que par M. Anatole ou par le prince dans sa fureur d'avoir été trompé. M. Anatole n'avait aucun intérêt à porter ce coup à Joseph, c'est donc le prince. Encore et toujours le prince... »

. . . .

« Pauvre maman, j'ai tout à l'heure interrompu ma lettre, la tête me tournait, j'ai cru devenir folle. La nuit est venue, je n'ose retourner au magasin, où l'on a peut-être transporté mon pauvre Joseph; il me tuerait sans vouloir m'entendre. Je n'ose rentrer à la maison de peur de papa. J'ai pris pour cette nuit une petite chambre hôtel Sublet, en face le Pont-Neuf, sur le quai, n° 103. C'est de cette chambre que je t'écris, maman, où tu ne me trouveras là que si tu as pitié de ta pauvre Maria. Je me reproche cruellement le moment de désespoir et de haine qui m'a poussée à suivre le mauvais conseil de M. Anatole. Sauf cette funeste démarche, je suis restée honnête femme. Ni toi, ni mon père, ni mon mari, vous n'avez à rougir de moi. Si tu ne veux pas venir me voir, écris-moi du moins un mot par le commissionnaire qui te porte cette lettre; donne-moi des nouvelles de Joseph, de papa, de toi et de ma pauvre petite fille. Chère ange, que va-t-elle penser ce soir en ne me voyant pas rentrer? Adieu, bonne et chère maman : mes forces sont à bout ; je n'y vois plus clair tant j'ai pleuré...

« Ta fille respectueuse qui te chérit,

« Maria Fauveau. »

Cette lettre était de tous points l'expression de la vérité. Anatole Ducormier avait senti, avec sa pénétration habituelle, qu'il ne réussirait jamais à séduire Maria, sauvegardée par son amour pour Joseph, par son honnêteté naturelle et par les mille salutaires devoirs d'une vie incessamment occupée des soins du ménage, de la famille et du commerce. Puis, malgré l'épouvantable corruption de Ducormier, un fonds d'amitié pour Joseph l'eût fait reculer devant la séduction de la jeune femme, cette séduction aurait-elle été possible. Puis enfin le digne élève des roués politiques ne faisait plus guère de séduction pour le plaisir de la séduction en elle-même, de l'*art pour l'art,* comme on dit, pour compléter l'horrible vengeance qu'il méditait. Il lui suffisait de l'apparence de sa liaison avec Maria, et il s'était contenté de l'apparence ; spéculant dès longtemps sur la douleur de madame Fauveau et sur son irritation croissante contre M. de Morsenne, irritation que Ducormier excitait encore, il s'était cru certain de pouvoir, dans un temps donné, décider la jeune femme à cette imprudente et dangereuse démarche.

La révélation de la présence de Maria dans

la maison de la rue de la Lune avait été faite le matin même à Joseph Fauveau par M. Loiseau, désireux de venger son maître de son amoureuse déconvenue ; mais M. de Morsenne, rendons-lui cette justice, ignorait cette nouvelle indignité. L'honnête serviteur s'était rendu à la boutique de parfumerie où Joseph, après une nuit paisible et remplie des plus douces espérances, attendait une lettre ou la venue du docteur Bonaquet. M. Loiseau, muni de la déclaration du fiacre, corroborée par les aveux de la servante de Maria qui était allée chercher cette voiture, ne convainquit que trop facilement M. Fauveau de la prétendue infidélité de sa femme. A peine était-il sorti, en proie à une sorte de délire furieux, pour se rendre auprès des parents de Maria, que l'on apportait chez lui la lettre suivante de Jérome Bonaquet :

« Mon bon Joseph, un événement aussi
« douloureux qu'imprévu me force de par-
« tir à l'instant avec ma femme. Mon voyage
« durera cinq à six jours au plus. Je te con-
« jure d'attendre mon retour sans revoir ta
« pauvre et chère Maria. Cette séparation te
« sera sans doute pénible ; mais elle aura
« pour toi un effet salutaire, si, comme j'en
« suis certain, suivant mes conseils, fidèle à
« ta promesse, tu as renoncé à de funestes
« étourdissements pour réfléchir aux cha-
« grins du passé et aux chances de bonheur
« que l'avenir te réserve.

« Crois à l'instinct de ma vieille amitié. Je

« t'écris ce mot en hâte et au moment de
« mes préparatifs pour ce voyage inattendu.
« Ce soir, lors du premier moment de re-
« pos que nous prendrons en route, je t'é-
« crirai très-longuement et avec détails sur
« le plan de conduite que tu dois suivre.
« Chaque jour tu recevras ainsi une ou
« deux lettres de moi, qui, jusqu'à mon
« très-prochain retour, suppléeront, je l'es-
« père, à ma présence. A ce soir donc, mon
« bon et cher Joseph. Courage, espoir, sa-
« gesse, et avant huit jours je réponds de
« ton bonheur et de celui de ta Maria.

« Ton meilleur ami,

« BONAQUET. »

A cette lettre étaient jointes les lignes suivantes d'Héloïse Bonaquet :

« Je ne puis que joindre mes recomman-
« dations à celles de mon mari, et vous sup-
« plier, monsieur, d'avoir une confiance
« absolue dans les conseils qu'il vous donne.
« Permettez-moi de vous réitérer encore
« l'assurance de notre bien vive estime pour
« vous et votre charmante femme, si com-
« plètement digne de votre affection et de
« notre tendre et constant intérêt.

« Adieu, monsieur, je regretterais dou-
« blement que l'état très-alarmant d'une
« personne de ma famille soit cause du dé-
« part précipité de M. Bonaquet, si je n'a-
« vais la plus entière confiance dans vos

« bonnes résolutions. Elles rendront, je
« n'en doute pas, notre courte absence sans
« nul inconvénient pour vous et pour votre
« bonheur à venir, auquel nous serons tou-
« jours si heureux d'avoir contribué.

« H. B. »

VII

VII

MADAME LA DUCHESSE DIANE DE BEAUPERTUIS
A ANATOLE DUCORMIER.

« Je suis vraiment tentée de dire comme Beaumarchais : « *Qui trompe-t-on ici ?* » Jamais intrigue vénitienne, jamais imbroglio espagnol, n'ont été plus féconds en aventures que les événements de ces derniers jours, mon cher Anatole ; c'est une véritable comédie de cape et d'épée ! Surprises, coups de théâtre inattendus, trame insaisissable, rien n'y manque ; jugez-en :

Voici trois jours que je ne vous ai vu ; vous n'avez pas reparu à l'hôtel de Morsenne, sinon pendant quelques heures, avant-hier, m'a-t-on dit, pour avoir un long entretien avec mon père ; vous me semblez être le centre de toutes sortes de mystères, plus singuliers les uns que les autres ; c'est sans doute très-romanesque et très-amusant pour vous : il n'en est pas ainsi de moi. Je n'ai le mot d'aucune de ces énigmes ; ma curiosité s'irrite au dernier point. Me ferez-vous la grâce de la satisfaire avant votre départ; puisque, *par hasard,* j'ai appris que vous partiez ?

Sans m'exagérer mes droits à savoir ce

qui vous intéresse, me serait-il permis de vous demander, avec l'*humilité* qui me caractérise, l'explication des mystères suivants ?

Nous procéderons, s'il vous plaît, par ordre. Ce calme, cette netteté dans la discussion, vous prouveront, je l'espère, avec quel parfait sang-froid je vous écris ; les battements de mon cœur sont aussi lents, aussi réguliers que le jour où M. de Beaupertuis *m'a conduite à l'autel* ; ma main aussi ferme que celle d'une jeune pensionnaire qui trace en souriant *son examen de conscience.*

Tels sont les mystères dont je suis très curieuse d'avoir l'explication.

Premier mystère. — Il y a trois jours, je

m'étais rendue dans ce petit appartement du *boulevard Bonne-Nouvelle*, où nous avons si souvent passé de gais et heureux moments, en toute sécurité ceux-là, sans crainte de rire trop fort ou de nous aimer trop haut. Vous m'avez reçue avec votre empressement habituel ; seulement, après m'avoir conduite dans la chambre à coucher, vous m'aviez priée de vous y attendre un moment sans lumière. Cette recommandation m'a paru aussi bizarre que le *moment* m'a paru long. Ensuite j'ai entendu sonner à la seconde porte d'entrée, puis, au bout de dix mortelles minutes, vous m'avez ouvert, m'engageant à sacrifier à la prudence la soirée que nous devions passer ensemble ; je me suis résignée. Vous m'avez fait traverser la salle à manger, l'antichambre, toujours dans l'obscurité ;

puis la porte s'est refermée sur moi. Je ne suis pas peureuse ; cependant vos paroles, le dénouement imprévu de notre soirée, m'ont causé quelque inquiétude ; mais j'espérais avoir le mot de cette énigme le lendemain matin, peut-être même avant. Grâce à la clef de la petite porte dérobée, je me croyais en droit d'attendre de vous quelques explications. Je n'ai pas eu l'honneur de vous voir ce soir-là.

Second mystère. — Le lendemain de notre soirée manquée, arrive chez moi, à huit heures du matin, ma cousine, la marquise de.... non, je me trompe, madame Bonaquet. Elle était venue la veille pour m'entretenir d'une chose fort importante, et m'avait fait prier de me trouver chez moi le lendemain.

J'ai revu madame Bonaquet avec un vif plaisir. Avant de vous connaître et de vous aimer (pardon du mot, un peu platonique peut-être), je regardais ma cousine comme une folle, déshonorante pour notre maison. N'avait-elle pas eu l'audace inouïe d'épouser en tout bien, tout honneur, l'homme distingué qu'elle adorait ! Je ne sais pourquoi, je ressens maintenant pour elle une vénération singulière.

J'ai donc accueilli ma cousine à merveille; elle m'a paru embarrassée, émue, mais très bienveillante ; enfin, s'autorisant de la différence d'âge qui existe entre nous et de l'affection presque maternelle qu'elle m'a toujours témoignée (elle m'a vue petite fille), elle m'a dit, après une assez longue hésitation.

« — Ma chère Diane, vous courez, je le
« crains, un grand danger.

« — Moi, ma cousine ?

« — Si mes alarmes ne sont pas fondées,
« vous ne comprendrez rien à mes paroles.
« Si au contraire j'ai raison de trembler
« pour vous, je vous conjure de profiter de
« mes avis ; en un mot, j'ai tout lieu de croi-
« re que quelqu'un... qui habite cette mai-
« son, vous joue et vous trompe indigne-
« ment... S'il a malheureusement le droit de
« vous tromper, non-seulement il vous est
« infidèle, mais il veut vous rendre victime
« d'une infernale machination.... Peut-être
« est-il trop tard pour éviter ce dernier pé-
« ril, mais en tous cas, rompez à l'instant

« avec cet homme : s'il possède des lettres
« de vous, tâchez de les lui retirer ; faites en-
« fin tout au monde pour anéantir les traces
« d'une faute dont les conséquences peuvent
« vous devenir funestes... »

Je me rappelai votre singulier accueil de la veille en me demandant le sacrifice de notre soirée. Je n'attache aucune importance à l'infidélité ; je partage à cet endroit votre philosophie, mon cher maître. Quant à l'annonce d'une *machination infernale* dont je pouvais être victime, cela m'a affriandée... L'on n'a pas tous les jours de ces diaboliques bonnes fortunes. Aussi, dans mon impatiente curiosité, connaissant d'ailleurs la pureté, la loyauté de ma cousine, je fus sur le point de m'ouvrir à elle pour avoir le mot des *machinations infernales.* Mais sur le point de la mettre dans la confidence de notre liaison, je me suis fort à propos rappelé votre maxime : — *C'est déjà beaucoup d'avoir garder son secret à soi-même : qu'est-ce donc lorsqu'on le confie à autrui ?* — Je répondis donc à madame Bonaquet, en la remerciant cordialement de sa sollicitude :

« — Dieu merci ! vos craintes ne sont
« pas fondées, car pour moi vos paroles
« n'ont aucun sens ; je suis néanmoins pro-
« fondément touchée de la preuve d'intérêt
« et de généreuse affection que vous me
« donnez. »

Ma cousine me crut-elle ? J'en doute, car elle me regarda tristement et reprit d'une voix pénétrée :

« — Ma chère Diane, croyez-moi, je n'ai
« pas un moment songé à obtenir vos confi-
« dences en retour du service que je désirais
« vivement vous rendre ; quoi qu'il en soit,
« je vous en supplie, profitez de mes avis,
« s'ils sont opportuns, et, en tous cas,
« comptez sur moi et sur mon mari. »

De l'entretien de ma cousine, qui, six heures après, partait en voyage, il résultait ceci : que l'on avait des soupçons sur notre liaison. Cela ne m'a pas alarmée, mais impatientée. Notre prudence n'avait-elle pas été extrême, notre habileté rare, mon affectation de dédaigneuse indifférence à votre égard ne devait-elle pas dérouter les plus clairvoyants ? Enfin, malgré ma confiance entière dans la sûreté de ma première femme de chambre, elle ignore tout; notre seule confidente est la clef de la petite porte. L'appartement du boulevard a deux entrées, l'une pour moi, l'autre pour vous. Qui donc a pu déjouer des précautions si bien prises? Vous sentez, mon cher maître, que ce n'est point du tout là pour moi une question de conscience ou de remords : c'est une question d'amour-propre, rien de plus; car, après tout, que notre liaison soit découverte, eh bien, quoi? je prie M. de Beaupertuis de rester à ses scarabées. Ma dot et la fortune que j'ai héritée de mon grand'oncle de Chiverny se montent à cinquante mille écus de rente; on vit, j'imagine, partout honorablement avec cela et l'homme de son choix.

Telles étaient mes pensées après le départ de ma cousine, lorsque j'appris que, sorti de l'hôtel au point du jour, vous étiez rentré et renfermé avec mon père depuis trois grandes heures; l'occasion me parut parfaite pour vous rencontrer; j'allai chez mon père, mais trop tard, vous veniez de le quitter.

Troisième mystère. — Je trouvai le prince pâle, presque livide, la figure bouleversée, l'air sombre et courroucé. Je ne l'avais pas vu depuis la veille; il me parut vieilli de dix ans. Saisie, presque alarmée de ce changement, je m'écriai :

« — Mon Dieu, mon père, qu'avez-vous?

« — Ce que j'ai? — reprit il; — vous

avez l'audace de me le demander, madame ! »

Ces mots, l'accent de dureté qui les accompagna, me blessèrent. Je repris froidement :

« — J'ignore, monsieur, ce que vous voulez dire.

« — Je veux dire, — s'écria-t-il hors de
« lui, — je veux dire, madame, qu'il y a
« des femmes qui, non contentes de se
« jouer audacieusement des devoirs sacrés
« que leur imposent le rang, le mariage, la
« famille et la religion, se couvrent d'une
« double ignominie, en choisissant des
« misérables, des *espèces* pour complices

« de leurs ignobles désordres ! Je veux dire,
« enfin, madame, qu'il est des femmes
« assez effrontées, assez perdues, pour oser
« faire de la maison paternelle le théâtre de
« leurs débauches, car elles ne craignent
« pas de se livrer à leurs débordements
« effrénés, presque sous les yeux de leur
« mari, de leur mère et de leur père. Je
« suppose que maintenant vous me com-
« prenez, madame !

— « Tenez, monsieur, — dis-je au prince,
« — il manque quelque chose au salutaire
« effet de cette vertueuse sortie.

« — Et que manque-t-il donc, madame ?

« — Il manque la présence de ma mère.

« de M. de Saint-Merry et de madame de
« Robersac, monsieur ; assemblez et prési-
« dez quelque jour ce concile austère, au
« sortir de la messe ; faites comparaître
« devant lui la femme éhontée dont vous
« parlez, monsieur, et, je n'en doute pas,
« elle s'inclinera respectueusement devant
« l'arrêt de ce tribunal d'une moralité si
« haute, d'une pudeur si farouche.

« — Vous osez me parler ainsi, madame !
« — s'écria le prince furieux, — oubliez-vous
« que je suis votre père ?

« — Cette question, monsieur, est trop
« délicate, — lui dis-je ; — permettez-moi
« de n'y pas répondre. »

Et je laissai le prince exaspéré. Si cet homme eût été mon père, mon langage aurait été tout autre ; mais je sais, à *n'en pas douter*, que je suis la fille de M. de Saint-Merry. Aussi, cet impudent contraste de cynisme d'action et de pruderie de langage, ces adultères surannés s'offrant l'eau bénite, les yeux baissés et se signant dévotement, me révoltaient depuis longtemps, et je vous sais gré, mon cher Anatole, de m'avoir donné l'occasion d'en finir une bonne fois avec ces ridicules hypocrisies qui soulèvent le cœur de dégoût.

A dîner, le prince ne parut pas ; il se dit indisposé : évidemment, il savait notre liaison : ses allusions plus que transparentes me le prouvaient. Du reste, M. de Beaupertuis et ma mère ignoraient tout, car elle fut pour moi comme d'habitude, et mon mari se perdit dans une foule d'ingénieux développements sur les fonctions digestives des scarabées. Ne voyant pas votre couvert mis, je supposai que les gens savaient que vous ne dîniez pas avec nous, et d'après la violente sortie du prince à l'endroit de certaines duchesses qui prenaient des *espèces* pour amants, je présumai que, sans doute, vous deviez quitter l'hôtel.

Quatrième mystère. — Après dîner, M. de Saint-Merry vint, selon son habitude de chaque jour, en *prima sera*, chez ma mère. Tels furent ses premiers mots en entrant :

« — Eh bien, chère princesse, vous sa-
« vez ?... le secrétaire du prince...

« — M. Ducormier ? — reprit ma mère ;
« — que lui est-il arrivé ?

« — Il s'est battu en duel.

« — Quand cela ? » m'écriai-je malgré moi, le cœur cruellement serré.

(Pardon du mot *cœur*.)

« — Ce matin, à huit heures, au bois de
« Vincennes, » — me répondit M. de Saint-Merry.

Je respirai, vous étiez resté trois heures enfermé avec mon père, dans l'après-midi; vous n'étiez donc pas blessé.

« — Et avec qui M. Ducormier s'est-il
« battu ? » demanda ma mère.

« — Avec Saint-Géran, — reprit le che-
« valier. — Ce pauvre comte a reçu dans les
« côtes un coup d'épée fort dangereux, dit-
« on. Je ne comprends pas, en vérité,
« comment Saint-Géran s'est commis à ce
« point, comment il a eu l'incroyable et ri-
« dicule condescendance de...

« — De recevoir ce coup d'épée dans les
« côtes ? » demandai-je à M. de Saint-
Merry.

« Non, ma chère filleule, — me dit-il ; —
« je ne comprends pas comment Saint-Gé-
« ran a daigné accepter une rencontre avec

« ce petit monsieur Ducormier, un secré-
« taire, un homme à gages, après tout !

« — Vous avez mille fois raison, cheva-
« lier; M. de Saint-Géran n'a que ce qu'il
« mérite, — reprit ma mère. — Et connaît-
« on la cause de ce duel ?

« — La cause la plus futile du monde,
« m'a-t-on dit, — reprit M. de Saint-Merry ;
« — quelques vivacités échangées à propos
« de je ne sais pas quoi. »

Je prétextai d'un peu de migraine et je
rentrai chez moi.

Je vous croyais brave, mon cher Anatole,
j'étais heureuse d'apprendre que vous étiez

aussi adroit que brave; mais ce duel avec M. de Saint-Géran, que vous aviez à peine vu ici quelques fois, me semblait étrange. D'après ce que je sais de lui, votre adversaire n'est pas homme à se battre légèrement, et vous n'aviez aucun intérêt, je suppose, à chercher un duel. Tant de mystères exaspérèrent ma curiosité. A onze heures, je renvoyai mes femmes, et, vers une heure du matin, espérant que peut-être vous seriez rentré pour passer une dernière nuit à l'hôtel, je risquai de monter l'escalier dérobé et d'aller chez vous : je trouvai votre chambre déserte.

Hélas! des esprits éthérés, immatériels, ne composent pas absolument tout mon être, mon cher maître; je revins chez moi dans une mélancolie profonde, et je tirai très-fort les oreilles de Préciosa, qui, à mon retour, se permit de m'accueillir en gambadant de joie.

Le lendemain (c'était hier), je dis à ma femme de chambre :

« — Faites demander si M. Ducormier
« est chez lui; j'aurais à le prier de me
« chercher quelques livres dans la biblio-
« thèque.

« — Mais madame ne sait donc pas ?

« — Quoi, mademoiselle ?

« — Mais M. Ducormier part, à ce qu'il

« paraît, pour un voyage.; on est venu ce
« matin chercher ses malles ; il ne reviendra
« plus à l'hôtel.

« — Et où les a-t-on portées, ses mal-
« les?

« — Je ne saurais le dire à madame. Il y
« a longtemps que les commissionnaires
« ont quitté l'hôtel. »

Par quel moyen apprendre où vous demeuriez? Je ne savais. J'attendis, mais en vain, une lettre de vous, ainsi que j'avais attendu la veille. Il faisait un temps superbe. Espérant qu'un hasard plus qu'improbable me ferait vous rencontrer, je demandai mes chevaux, je sortis en voiture découverte, et j'allai acheter je ne sais quoi dans vingt boutiques, afin d'avoir l'occasion de parcourir les quartiers les plus passants de Paris ; mais, ainsi que je devais m'y attendre, je ne vous ai pas rencontré.

Dernier et incompréhensible mystère. Aujourd'hui, sur les trois heures, j'étais chez ma mère ; elle m'avait fait demander pour me parler de la santé du prince, qui, sans donner d'inquiétudes, est assez altérée. On annonce M. le ministre des affaires étrangères ; c'est le seul de ces gens-là que ma mère reçoive le matin.

« — Madame la princesse, — dit-il à ma
« mère, — je viens d'apprendre que le
« prince, après une très mauvaise nuit,

« repose en ce moment. Je ne voudrais en
« rien troubler son bienfaisant sommeil; je
« viens donc vous prier, madame, de vou-
« loir bien, au réveil de ce cher prince, lui
« annoncer que, par un heureux concours
« de circonstances, son protégé a été nommé
« ce matin; mais il faut qu'il parte cette
« nuit même, car il emportera des dépêches
« urgentes pour Turin, qu'il remettra à
« notre ministre en allant à Naples.

« — Et quel est donc, sans trop d'indis-
« crétion, monsieur, — demanda ma mère,
« — le protégé de M. de Morsenne?

« — Comment! madame, vous l'ignorez?
« Mais c'est le secrétaire particulier du prince.

« — Monsieur Ducormier! — s'écria ma
« mère fort surprise; — j'ignorais qu'il dût
« quitter le service de M. de Morsenne.

« — Tout ce que je puis vous assurer, ma-
« dame la princesse, — reprit le minstre en
« souriant, — c'est qu'il a fallu mon iné-
« branlable volonté d'être agréable à ce cher
« prince, jointe au tout-puissant crédit qu'il
« a sur le roi, pour enlever la nomination
« de M. Ducormier, et écarter plusieurs con-
« sidérations fort graves qui s'opposaient à
« cette mesure; non que ce jeune homme
« ne soit à tous égards des plus méritants :
« l'immense intérêt que lui porte M. de
« Morsenne en est garant; mais il a fallu
« violer la hiérarchie, faire des mécontents;.
« extrémité que l'on ne subit ordinairement

« qu'en faveur de personnes d'une grande
« naissance. Le prince, trop souffrant de-
« puis deux jours pour pouvoir se rendre
« auprès du roi, lui a écrit une lettre si
« pressante, si chaleureuse, en faveur de
« M. Ducormier, que celui-ci est nommé
« premier secrétaire d'ambassade à Naples.

« — En effet, c'est exorbitant ! — dit ma
« mère, — c'est à n'y pas croire ! Sans doute,
« ce monsieur a du mérite, puisque M. de
« Morsenne le juge ainsi ; il est de plus fort
« joli garçon et pas mal élevé, mais en fin
« de compte il n'est rien du tout, et dans les
« ambassades, ce qu'il faut surtout, c'est de
« la naissance.

« — A défaut de naissance, madame, —

« reprit le ministre en souriant, — si M. Du-
« cormier se montre digne, comme je l'es-
« père, de sa fortune inespérée..., nous en
« ferons plus tard, par respect humain, un
« *comte Ducormier*.

« — Ça sera, du moins, un peu plus pré-
« sentable, — répondit ma mère. — Heu-
« reusement les étrangers se trompent à
« cette manière de noblesse de *similor* dont
« les laquais de nos antichambres ne sont
« mêmes pas dupes. »

Le ministre ayant l'inconvénient d'être de
cette noblesse de *similor*, toussa légèrement,
se leva et dit à ma mère :

— « Je craindrais d'abuser de vos mo-

« ments, madame la princesse. Vous serez
« donc assez bonne pour être mon inter-
« prète auprès du prince, et lui annoncer la
« nomination de son protégé. Ah ! j'oubliais !
« Voudrez-vous bien aussi dire à M. de
« Morsenne que j'ai vu ce matin mon col-
« lègue de l'intérieur, et que *l'affaire des
« fonds secrets est arrangée ?* Le prince saura
« ce que cela signifie. Pardon, madame, de
« ne pas m'expliquer davantage sur ces
« grands secrets politiques, » — ajouta le
ministre en riant et en s'apprêtant à prendre
congé de ma mère.

« — Monsieur, — dis-je au ministre, —
« M. Ducormier m'avait prêté comme mo-
« dèle un bijou de la renaissance assez cu-
« rieux ; il a oublié de me le redemander,

« dans son empressement à se rendre à ses
« nouvelles fonctions ; il tient, je crois, à cet
« objet ; mais il a quitté cette maison sans
« laisser son adresse. Où pourrai-je lui
« faire parvenir ce que j'ai à lui envoyer ?

« — Veuillez, madame la duchesse, me
« l'adresser au ministère, et ce soir, en re-
« mettant ses dépêches à Ducormier, j'aurai
« l'honneur de me charger de votre com-
« mission. »

Et le ministre se retira.

Je vous ai raconté la scène du ministre, comme les autres, dans ses moindres détails, d'abord pour vous prouver ma parfaite liberté d'esprit, ma complète tranquillité d'âme, puis pour vous faire comprendre mon incroyable stupeur en apprenant à qui vous deviez une fortune si inespérée.

Comment! je trouve le prince indigné, exaspéré contre vous! et c'est lui qui s'emploie si chaleureusement à votre fortune! Il écrit au roi en votre faveur! Je connais peu les affaires de ce genre, mais il est évident que vous êtes arrivé de prime-saut à une position inouïe! grâce à qui? à mon père! C'est à en perdre la tête! A-t-il, en agissant ainsi, voulu vous éloigner de moi? Non; il lui suffisait de vous congédier. Comment! il se croit, il se sait outragé par vous dans l'honneur et l'orgueil de sa maison, il m'en témoigne sa fureur, et il vous donne une preuve de protection inouïe! C'est inexpliquable ! à moins que vous ne soyez le démon en personne, et j'incline à le croire.

Or, le mauvais ange, créature éminement supérieure et habituée à voir les choses de haut, rirait fort d'un de ces esprits vulgaires et bourgeois auxquels une place de secrétaire d'ambassade, si inespérée qu'elle soit, tournerait la cervelle. Sérieusement; vous dérogeriez ridiculement, mon cher maître, si cette bonne fortune diplomatique vous donnait un vertige tel que vous pensiez à partir sans me dire adieu, et surtout sans m'instruire de plusieurs circonstances connues de vous, sans doute, qu'il m'est indispensable de savoir, afin de régler ma conduite à venir envers ma famille et M. de Beaupertuis.

Il faut donc, mon cher Anatole, nous voir avant votre départ, si vous êtes vraiment décidé à partir. Voici le moyen auquel j'ai songé : je renferme cette lettre dans une boîte avec un flacon que je portais lors de notre première rencontre au bal de l'Opéra. (Il remplacera le bijou supposé dont j'ai parlé à votre ministre.) Ma femme de chambre, dont je suis sûre, portera cette boîte au ministre; celui-ci vous la remettra de ma part; vous aurez, j'imagine, l'intelligence de deviner qu'il s'agit d'autre chose que de la restitution d'un bijou que vous ne m'avez pas prêté.

Si importantes que soient les dépêches dont on va vous charger, un retard de quelques heures sera peu de chose. Ce retard fût-il très-grave, qu'à votre place je le préférerais, trouvant galant de compromettre *le salut des empires* pour quelques heures passées avec votre maîtresse. Dans cet espoir de bouleversement européen, vous me ferez donc la grâce de vous rendre en sortant de chez votre ministre à l'appartement du boulevart ; je vous y attendrai toute la nuit, en me confiant cette fois à ma femme de chambre, dont je réponds. J'ai un moyen facile et sûr de sortir de l'hôtel et d'y rentrer demain avant le jour.

Un dernier mot, mon cher Anatole.

D'après le calme de cette lettre, les mille détails qu'elle contient, la présence et la clarté de mes souvenirs de toute sorte, vous le voyez, ce n'est pas une Ariane éplorée qui vous rappelle à grands cris, c'est encore moins une *amante* jalouse qui exige le sacrifice de sa rivale, ou une femme séduite vous demandant compte de sa vertu, comme un joueur ruiné gourmandant le hasard. Si j'ai jamais eu de la vertu, elle a dû être desséchée dans sa plus tendre fleur, par l'exemple peu patriarcal que m'offre ma famille depuis que j'ai l'âge de voir et de réfléchir; quant à la jalousie, vous m'avez convertie à l'excellence des infidélités, qui ne sont, selon vous, mon cher maître, que des *comparaisons*.

Tenez, mon cher Anatole, je ne sais plus à qui j'entendais dire, *que sur cent femmes qui se perdent ou se dépravent, il en est quatre-vingt-*

dix-neuf perdues ou dépravées par leur premier amant.

Cette pensée, juste et profonde, s'applique à merveille à ma position, car si vous ne m'avez pas perdue (une femme comme moi n'est jamais perdue), vous m'avez, du moins, en trois mois, complètement démoralisée, achevant ainsi l'œuvre ébauchée par vous lors de notre première rencontre au bal de l'Opéra. De ce soir-là, a commencé l'inconcevable empire de votre esprit sur le mien, mon cher maître.

Dans tout ceci, ne voyez pas l'ombre d'un reproche, Anatole; loin de là; je n'avais qu'un frein, *l'orgueil de race*. Ce frein, vous l'avez brisé, appelant cela m'ouvrir de nouveaux horizons de bonheur. — Horizons, soit! Je n'avais qu'une vertu, la froideur des statues de marbre : le marbre de la statue s'est animé au souffle de Pygmalion. (Pardon aussi de cette absurde mythologie!) Vous m'avez dit, Satan que vous êtes, qu'avec du secret, de l'audace, du sang-froid, une femme jeune, belle, riche et libre, pouvait, comme nos grand'mères de la régence, tout risquer, sans jamais se compromettre. J'ai bien envie d'essayer, après votre départ, de cette affreuse morale, mon cher maître, et je vous promets une franchise parfaite. Qu'en pensez-vous? J'ai en vous une confiance absolue; vous ne m'avez jamais trompée; vous êtes l'homme le plus sceptique, le plus perverti, mais, je l'avoue, le plus séduisant et le plus insolemment sincère qu'il y ait au monde ; vous m'avez dit : Ne me demandez rien, sinon gaîté, bonne humeur et discrétion. Quant au cœur, n'en ayant pas, je n'en exige point.

Vous avez religieusement tenu votre programme, mon cher maître. Il est impossible d'être plus spirituel, plus amusant, plus ravissant que vous dans un tête-à-tête, si prolongé qu'il soit ; je n'ai pas à vous reprocher le moindre mot de cœur ou la plus légère aspiration platonique ; enfin j'ai tout lieu de croire à votre sûreté, ne pouvant attribuer à votre indiscrétion les soupçons que l'on a sur notre liaison.

Vous le voyez, mon cher Anatole, dans la disposition d'esprit où je me trouve, rien de moins redoutable que la dernière entrevue que j'exige. Encore une fois, ce n'est pas une maîtresse, plus ou moins jalouse ou éplorée, qui vous écrit : lamentables espèces, que vous auriez raison de fuir aux antipodes; non, c'est tout simplement un ami, un bon et joyeux compagnon de plaisir qui désire s'entretenir avec vous d'un sujet dont vous comprenez la gravité ; après quoi, les deux amis, se serrant la main, se souhaiteront chance heureuse en amour et en plaisir.

A vous *quand même.*

D....

« Cette lettre était cachetée, je la rouvre...

N'y crois pas ; non, non, ne crois pas un mot de toutes ces détestables maximes : elles n'étaient sans aucun doute qu'un jeu de mon esprit, et je les désavoue. Ne crois pas surtout à cette indifférence, à cette raillerie affectée. Je mentais, oui, je mentais par orgueil. Je souffrais et je te cachais mes souffrances. Anatole, ah! je le jure, le cœur me saignait à chaque mot d'ironie. Anatole, mon Anatole, je t'aime, entends-tu? je t'aime, je t'adore de toutes les forces, de toute l'ardeur de mon âme! oui, entends-tu? de *mon âme!* Si je ne t'ai jamais laissé voir la sincérité, la profondeur de cet amour, ce sont tes sarcasmes sur les passions du cœur qui retenaient la vérité sur mes lèvres! Anatole, je te dis que je t'aime comme une insensée! Je ne veux que toi. Si je ne te vois pas ce soir, si tu pars demain, je pars pour te rejoindre. Tu me connais ; tu me croiras, je t'attends.

« A toi ma vie, à toi mon âme !

« Diane. »

VIII

VIII

CLÉMENCE A ANATOLE.

« Encore une bonne nouvelle aujourd'hui, mon Anatole ; encore une consolation à votre absence, que je supporte plus courageusement que je ne l'espérais ; mais votre souvenir m'est si présent que moralement nous ne sommes pas séparés. Si je ne craignais de vous donner sujet de blâmer ma faiblesse, j'ajouterais que la bonne nouvelle dont j'ai à vous entretenir m'a causée un moment de vive inquiétude, car j'ai aussi appris que vous aviez couru un danger ; mais, Dieu soit loué ! ce danger est passé depuis longtemps. Aussi, à peine osé-je vous avouer ma frayeur rétrospective.

En vérité, mon Anatole, notre amour nous porte bonheur. Combien il est doux, en effet, de reconnaître que des amis dont on se défiait n'avaient jamais démérité de notre affection ! avec quel soulagement de cœur on leur fait alors l'aveu sincère des préventions qui nous éloignaient d'eux ! Combien alors l'on jouit doublement de l'affectueux accord qui succède à un funeste malentendu.

Il me faut, pour arriver à la bonne nouvelle dont je parle, remonter à la semaine passée, triste semaine, celle de votre départ.

Vous vous rappelez, mon ami, qu'il y a huit jours, vous m'aviez demandé de vous accompagner un soir dans ce modeste logement du boulevard Bonne-Nouvelle, loué par vous, m'avez-vous dit, depuis que, par suite de divers arrangements, vous n'habitiez plus l'hôtel de Morsenne, où vous vous rendiez seulement le matin, et dont vous reveniez le soir, après les travaux qui vous retenaient toute la journée auprès du prince, votre protecteur, dont je bénis chaque jour le nom. Avant d'abandonner ce logement, vous avez désiré que je connusse du moins ce lieu longtemps habité par vous, *seul avec votre amour*, disiez-vous. J'ai compris cette fantaisie du cœur, mon Anatole ; j'aurais aussi beaucoup aimé à vous faire connaître tous les endroits où j'ai vécu si heureuse avec ma tendre et pauvre mère. Ne dirait-on pas que la connaissance des lieux habités par les objets de nos affections nous initie plus avant encore à leur existence passée, dont nous voudrions nous emparer aussi, comme si le présent et l'avenir ne nous suffisaient pas !

Je vous ai donc accompagné, ce soir-là, dans cette demeure, comme je vous eusse accompagné partout. Ne suis-je pas libre ? ne suis-je pas à vous ? ne suis-je pas votre femme, oui, votre femme devant Dieu, de-

sant les vœux sacrés de ma mère, qui, à ses
derniers moments, vous a dit : « Jurez-moi
d'être l'époux de Clémence, et je mourrai
tranquille sur son sort ? »

Ah ! vous aviez raison, mon ami; oui, notre
mariage, notre saint et *vrai* mariage, date
de ce moment solennel où la main déjà
froide de ma mère a joint votre main à la
mienne, en nous disant d'une voix expi-
rante : — « Soyez unis ; je vous bénis, mes
enfants. »

Oui, oui, vous aviez raison, mon Anatole.
Dès lors, je vous appartenais ; et maintenant, pour notre union, si pieusement con-
tractée, qu'est-ce que la consécration humaine ? une formalité indispensable aux

yeux du monde, et qui, aux yeux du monde, doit être reculée jusqu'à la fin de mon deuil apparent; car, pour moi, est-ce qu'il cessera jamais, ce deuil mélancolique de l'âme, ce souvenir impérissable d'une mère adorée?

Je vous l'ai dit bien bien souvent, mon Anatole, mes regrets n'ont rien de poignant; du moment où j'ai eu religieusement clos les paupières de cette mère chérie, qui déjà vous chérissait comme un fils, m'avez-vous vu me livrer à ces emportements de désespoir qui nous tueraient, s'ils se prolongeaient? Non, vous le savez, mon ami, ma douleur a été calme, réfléchie, ainsi que tout sentiment véritable. Songer à ma mère et la regretter, c'est maintenant pour moi une des conditions de mon existence, comme respirer, comme vous aimer, mon Anatole!

Me voici loin de la bonne nouvelle que j'ai à vous apprendre, mon ami. Mais vous me pardonnerez ma digression, n'est-ce pas?

Je vous rappelais donc cette visite d'il y a huit jours à l'appartement que vous deviez quitter, visite assez longtemps interrompue par je ne sais quel fâcheux que vous avez été obligé d'aller recevoir, pendant que je restais dans votre salon ; et encore, lorsque j'accuse ce pauvre fâcheux, j'ai tort, car, dans ce lieu où je vous attendais, lieu rempli de votre souvenir, tout avait pour moi un si vif intérêt, que j'ai été surprise de vous entendre me demander pardon de votre absence prolongée.

Je crois vous avoir dit que pendant cette

soirée M. le docteur Bonaquet était venu chez moi, et témoignant d'un grand chagrin de ne pas me rencontrer m'avait écrit un mot pour me supplier de le recevoir le lendemain matin de très-bonne heure. Telles étaient nos préventions contre lui que je ne répondis pas à sa lettre. D'ailleurs, vous vous en souvenez, mon ami, cette journée et celle qui l'a suivie, nous les avons passées ensemble presque tout entières. Hélas! c'était un pressentiment de notre séparation prochaine, car vous deviez bientôt m'apprendre que, grâce à la toute-puissante bienveillance du prince de Morsenne, votre digne protecteur, vous étiez nommé premier secrétaire d'ambassade, et qu'il vous fallait partir la nuit même.

Je n'avais plus entendu parler de M. et

madame Bonaquet, dont la persistance s'était sans doute lassée devant mon obstination à ne pas le recevoir, lorsque hier, en sortant pour aller faire au Jardin-des-Plantes la même promenade que je faisais chaque jour avec ma pauvre mère, je me suis rencontrée face à face avec le docteur ; je voulus l'éviter, impossible, et il me dit en souriant doucement et me tendant la main :

— Ne craignez rien, je ne viens pas cette fois en oiseau de mauvais augure ; de retour de voyage depuis hier, je vous apporte au contraire de bonnes paroles pour Anatole ; j'allais chez vous à cette intention; mais, dans la presque certitude de n'être pas reçu, j'apportais cette lettre. Si vous aimez mieux la lire que de m'entendre, la voici, je ne vous importunerai pas plus longtemps.

— A ces mots : *Je viens vous apporter de bonnes paroles pour Anatole,* je vous l'avoue, mon ami, et vous me comprendrez, mon éloignement pour le docteur tombe comme par enchantement; je sentis se réveiller en moi l'amitié que, pour tant de raisons, j'avais pour lui; je renonçai à ma promenade; le docteur m'accompagna chez moi. Voici notre entretien mot pour mot.

— Ce matin, — reprit M. Bonaquet, — j'ai été instruit d'un fait qui honore Anatole et me donne la vive espérance que, grâce à lui, votre avenir sera aussi heureux qu'il mérite de l'être.

— Expliquez-vous, je vous en prie, docteur.

— Si vous n'aviez pas vu Anatole en parfaite santé avant son départ, j'aurais beaucoup de ménagements à garder pour vous apprendre le danger qu'il a couru, et que vous ignorez probablement.

— Quel danger?

— Il s'est loyalement, bravement battu pour vous.

— Il s'est battu pour moi! — m'écriai-je, car je vous avoue cette faiblesse, mon ami, la pensée même d'un péril passé m'alarmait encore. — Et avec qui Anatole s'est-il battu? — demandai-je au docteur.

— Avec M. de Saint-Géran. Il l'a blessé

grièvement; mais, grâce à Dieu, M. de Saint-Géran est hors de danger.

— Et la cause de ce malheureux duel, quelle est-elle?

— Voici tout ce que je sais et comment je le sais. En arrivant de voyage, ma femme, qui est alliée à M. de Saint-Géran, a reçu un mot de lui; il lui faisait part de son désir de me voir. Ne vivant pas dans la société où vit M. de Saint-Géran, ni ma femme ni moi nous n'avions entendu parler de ce duel, qui cependant avait eu un certain retentissement. Aussi ma surprise fut grande de trouver M. de Saint-Géran convalescent d'une blessure.

« — Je connais, monsieur, me dit-il, votre

« attachement pour mademoiselle Duval.
« Mieux que personne vous savez le respec-
« tueux intérêt que je lui portais, et les es-
« pérances malheureusement à jamais éva-
« nouies que j'avais conçues. A la suite de
« plusieurs circonstances que je crois inu-
« tile de vous rapporter, une rencontre de-
« vint inévitable entre M. Ducormier et moi.
« Nous étions convenus, par déférence pour
« mademoiselle Duval, de tenir secrète la
« cause réelle de ce duel, *nos prétentions ri-*
« *vales à la main de mademoiselle Duval.* Je
« crois devoir pourtant, monsieur (mais en-
« vers vous seulement), rompre le silence
« que M. Ducormier et moi nous nous étions
« promis, et vous déclarer que lorsque mon
« adversaire m'a vu tomber sanglant à ses
« pieds, il s'est jeté à genoux près de moi,

« les larmes aux yeux, en me disant à voix
« basse : — *Par ce sang que je déplorerai toute
« ma vie d'avoir versé, je vous jure que mon
« existence entière sera consacrée au bonheur de
« mademoiselle Duval... Vous êtes digne de me
« comprendre...* J'en étais digne en effet, car
« ces mots prononcés par un rival vain-
« queur auraient pu passer pour un insul-
« tant et odieux sarcasme, mais l'accent, l'é-
« motion, les larmes de M. Ducormier don-
« nèrent un tel caractère de sincérité à ses
« paroles, que je les ai regardées, que je les
« regarde encore, en mon âme et con-
« science, comme un engagement sacré de
« dévouer sa vie au bonheur de mademoi-
« selle Duval. Si je crois devoir vous faire
« cette confidence, monsieur, — a ajouté
« M. de Saint-Géran, — c'est que, malgré

« des torts graves de M. Ducormier à mon
« égard, j'ai appris par lui, au moment de
« croiser nos épées, que vous lui aviez fait
« d'abord espérer la main de mademoiselle
« Duval, mais qu'ensuite vous aviez sacrifié
« les prétentions de mon rival aux miennes,
« dans votre sollicitude pour l'avenir de ma-
« demoiselle Duval. Soyez donc rassuré,
« monsieur : la voix d'un rival qui abjure
« tout espoir ne saurait être suspecte ; qu'elle
« fasse tomber les préventions que vous
« gardez peut-être encore contre M. Du-
« cormier. » — Je ne saurais vous dire, — a ajouté M. Bonaquet après ce récit, — avec quel accent de conviction et de loyauté chevaleresque M. de Saint-Géran a prononcé ces dernières paroles ; elles ont été pour moi si décisives qu'elles m'ont convaincu de

la réalité de l'amour que vous inspirez à Anatole, et j'avais besoin, oh! grand besoin d'être rassuré, ayant appris le départ d'Anatole, et surtout...

Le docteur n'acheva pas, et reprit en étouffant un soupir qui m'étonna :

— Oh! l'âme humaine est une énigme inexplicable! mais, — ajouta-t-il, — ne parlons que de vous : la certitude de votre bonheur peut seule me donner le courage d'oublier un instant d'autres infortunes, hélas! bien cruelles.

— Que voulez-vous dire? — demandai-je à M. Bonaquet, presque inquiète de l'expression de douloureux abattement que je remarquai sur ses traits. Il ne me répondit rien, tressaillit comme obsédé par un souvenir pénible et reprit :

— Encore une fois, parlons de vous ; je ne doute plus, je ne veux plus douter de l'inaltérable affection que vous porte Anatole ; mais cette longue séparation, comment allez vous la supporter ? J'ai appris qu'il était secrétaire d'ambassade à Naples.

— Cette séparation ne doit pas être longue, — ai-je dit au docteur. — Anatole sera ici dans un mois au plus tard, puis il ne repartira, pour s'établir définitivement à Naples avec moi, qu'après notre mariage, qui doit avoir lieu dans trois mois. Anatole est convenu de son prochain retour avec le ministre des affaires étrangères.

— S'il en est ainsi, tout ira pour le mieux. J'ignorais qu'Anatole dût revenir sitôt à Paris ; mais puisqu'il vous l'a dit, cela doit vous suffire. Maintenant, voyons, — a repris M. Bonaquet d'un accent touchant et pénétré, — avouez-moi donc la cause de votre éloignement pour moi et pour ma femme. Pourquoi nous avoir caché vos projets de mariage avec Anatole ? Pourquoi lui-même n'est-il pas venu m'en instruire ? Ne sait-il pas que, par cela même que je suis un ami très sévère, je suis aussi un ami sûr et très dévoué ?

— Monsieur Bonaquet, — ai-je répondu

au docteur, — je ne vous parlerai pas de ce qu'il y avait de cruel pour Anatole à vous voir appuyer, à son détriment, les prétentions de M. de Saint-Géran auprès de moi ; je ne vous parlerai pas non plus de ce qu'il y avait aussi de blessant pour moi dans votre insistance au sujet de M. de Saint-Géran, convenez-en. N'était-ce pas me croire capable de céder à l'attrait d'un titre et d'une grande fortune ? Mais ce qui a porté le coup le plus douloureux à Anatole a été d'apprendre que, sans égard pour votre ancienne affection, et sans doute irrité de ce qu'il se refusait à subir l'espèce de tutelle que vous vouliez lui imposer, vous aviez non seulement répandu des bruits odieux sur lui, mais que par des insinuations mensongères, mais habilement ourdies, vous aviez indirectement cherché à le perdre dans l'esprit du prince de Morsenne, son seul protecteur. En apprenant ces perfidies par un tiers digne de foi, jugez de la douleur d'Anatole, qui avait toujours conservé pour vous la plus vive amitié! Jugez aussi de ce que j'ai dû ressentir, moi qui savais son inaltérable attachement pour vous! De ce moment, loin de songer à vous confier mes projets et ceux d'Anatole, je me suis crue en droit d'être envers vous d'une réserve glaciale et de rompre enfin des relations autrefois si cordiales.

Après m'avoir écouté sans m'interrompre, M. Bonaquet a repris avec une émotion si vraie, si douloureuse, qu'elle vous eût convaincu comme moi :

—On m'a calomnié auprès d'Anatole d'une

manière infâme. Jamais, ni directement ni indirectement, je n'ai cherché à lui nuire; mettez-moi en présence du calomniateur qui a rapporté à Anatole ces indignes mensonges, vous verrez si l'on ose les soutenir devant moi. Maintenant, oui, c'est vrai ; j'avais d'abord songé à présenter Anatole à votre pauvre mère, le croyant en tout digne de vous, mais à la condition qu'il renoncerait à une existence et à une carrière qui me paraissaient avoir pour son avenir de graves dangers ; il s'est refusé à ma prière. Ce refus et d'autres raisons inutiles à vous apprendre m'ont fait très sérieusement craindre qu'Anatole ne vous offrît pas les garanties de bonheur désirables. Aussi, après la mort de votre pauvre mère, vous voyant orpheline et sans guide, ma femme et moi avons insisté auprès de vous pour que vous vous rendiez aux vœux de M. de Saint-Géran, un parfait galant homme. D'ailleurs, ce que je viens de vous apprendre de lui vous le prouve. Oui, plusieurs fois je me suis présenté chez vous pour vous mettre en garde contre Anatole. Maintenant, que vous dirai-je? toutes mes prévisions, toutes mes craintes sont heureusement en partie déjouées ou détruites. Un emploi subalterne, que je croyais rempli de dégoûts et de périls pour Anatole, lui ouvre, au contraire, une carrière honorable. D'un bond et par une protection inexplicable à mes yeux, il atteint une position élevée, à laquelle tant d'autres ne parviennent qu'après de longues années ; enfin tout me faisait redouter qu'il ne fût pas l'homme qui vous convînt, tandis que ce que vous m'apprenez et ce que j'ai appris de M. de Saint-Géran lui-même, tout me prouve qu'Anatole est et sera digne de vous. Je ne puis que me rendre à l'évidence, reconnaître mon erreur, et vous dire du fond du cœur que vous devez vous estimer heureuse. — Oui, doublement heureuse, — a ajouté M. Bonaquet d'une voix profondément émue, — car vous étiez peut-être la seule, entendez-vous bien, *la seule femme* capable d'inspirer à Anatole une affection si profonde, si vraie. Ah! croyez-moi, remerciez-en le ciel, votre bonheur est encore plus grand que vous ne le pensez : vous avez eu sur Anatole la plus étonnante, la plus salutaire influence, car je vous le répète, le cœur humain est un abîme, où l'œil de Dieu seul peut sûrement pénétrer.

Je vous le demande, mon ami, après ces

paroles du docteur, pouvait-il me rester le moindre doute sur sa sincérité ? Il repoussait avec une noble indignation la calomnie dont il était l'objet, il revenait sur son erreur à votre égard ; je n'ai pas hésité à le croire : il est si doux de croire au bien ! aussi nous sommes-nous séparés bons amis comme autrefois.

Mais je m'aperçois, mon ami, que cette lettre est déjà longue ; voici le moment du courrier ; d'après nos calculs, vous la trouverez, ainsi que les dernières, à votre arrivée à *Turin*. J'ai reçu les vôtres, datées *d'Orléans, de Lyon, de Marseille* et *de Nice ;* merci, mon Anatole, mon ami, d'aller avec tant d'empressement au devant de mon impatience à avoir de vos nouvelles.

Quant à mon père... hélas! je termine cette lettre comme toutes les autres, *rien de nouveau;* la même incertitude règne toujours sur son sort. Mieux vaut peut-être encore cette incertitude, si navrante qu'elle soit, qu'une certitude qui briserait jusqu'au plus vague espoir.

Adieu, bien tendrement adieu, mon Anatole bien-aimé, mon amour, mon époux!

Ta femme, ta *bienheureuse femme*,

CLÉMENCE DUCORMIER.

IX

IX

Quinze mois environ s'étaient écoulés depuis que la duchesse de Beaupertuis et Clémence Duval avaient écrit les deux lettres que nous avons citées.

Les scènes suivantes se passaient, vers les premiers jours de septembre, aux eaux de

Bade, dans la *tabagie* de l'*Hôtel-des-Princes*, rendez-vous habituel des fumeurs. A ce moment, une seule personne se trouvait dans le petit salon, lisant les journaux et fumant son cigare : c'était un homme de trente ans, d'une figure agréable et d'une tournure distinguée; il portait un élégant costume de vénerie; son couteau de chasse, son fouet et sa cape de velours noir étaient placés près de lui, sur une table; il fut distrait de l'attention qu'il donnait à sa lecture par l'arrivée d'un second personnage. A sa vue, notre fumeur se leva, courut vers le nouveau venu en lui tendant la main, et s'écria :

— Juvisy! quelle bonne rencontre!... toi à Bade!

— Et fort content d'y être, mon cher Mesenval, puisque je t'y trouve. Est-ce qu'il y a longtemps que tu es ici?

— Depuis un mois. J'ai passé l'hiver à Naples, le printemps à Venise, l'été à Florence, et je viens commencer l'automne à Bade, attiré par les chasses à courre, qui sont vraiment royales. Veux-tu assister à celle d'aujourd'hui? j'ai un cheval à ta disposition.

— Merci, mon cher Juvisy. A la première occasion je profiterai de ton offre... Ah çà, chasse à part, s'amuse-t-on ici?

— La saison est très animée? il y a des femmes charmantes, on joue un jeu d'enfer, le cuisinier de cet hôtel est excellent, et, ma foi! l'on vit avec cela.

— Parfaitement!... Et les scandales amoureux? il y en a, j'espère?

— Médiocrement, grâce à une diablesse de comtesse polonaise qui fait tourner toutes les têtes.

— Et en quoi cela nuit-il au scandale? il me semble qu'au contraire...

— Pas du tout: les hommes ne s'occupent que de la comtesse, quoiqu'il y ait ici d'autres femmes vraiment fort agréables, de sorte que, tu comprends? cette damnée femme attire, concentre et absorbe tous les chercheurs d'aventures et de scandale, d'où il suit qu'il y en a fort peu.

— Et cette comtesse, elle est donc bien séduisante ?

— Charmante, et de l'esprit comme un démon. Elle a été la maîtresse du baron de Herder, l'intime confident du prince de Metternich. Elle est même fort mêlée, dit-on, à toutes sortes d'intrigues diplomatiques.

— Et son mari ?

— Mon cher, ces comtesses polonaises-là ont toujours un mari qui voyage ; c'est... leur caractère.

— A-t-elle du moins fait un heureux au milieu de cette foule de soupirants ?

— On le croit, on l'espère. Car enfin, si l'un a réussi, il n'y a pas de raison pour que les autres...

— C'est dans l'ordre. Et cet heureux préféré, quel est-il ?

— Le ministre de France à Bade, conservateur ardent, ennemi juré des révolutions et des révolutionnaires, grand partisan du trône, de l'autel et de toutes les légitimités.

— Très bien... quelque chose comme un doctrinaire, c'est-à-dire un homme bilieux, jaune ou vert, aigre et cassant, raide et hautain... C'est très utile en politique, ces gens-là... Mais, comme dit Lagingeole, *c'est peu agréable en société.*

— Tu n'y es pas du tout. Notre ministre est un charmant garçon ; homme de la meilleure compagnie, et assez spirituel pour n'être pas ridicule, quoiqu'il ait épousé une vieille femme. Je dis vieille, par rapport à lui, car il a vingt-six ou vingt-sept ans, et sa femme en a quarante. Elle es encore du reste fort bien, chose rare chez les Italiennes, qui passent si vite.

— Et comment un homme de l'âge de notre ministre a-t-il épousé cette matronne ?

— Pardieu, mon cher, parce qu'un

homme de son âge aime surtout à mener grande vie et grand train. Aussi, grâce aux cinquante mille écus de rentes que madame Urbino, veuve d'un riche banquier de Naples, a apportés à notre diplomate, il a ici une maison excellente, les plus jolies voitures de Bade, en un mot un établissement de grand seigneur, sans compter que la fortune de sa femme a servi à l'avancement de cet aimable garçon, car, de premier secrétaire d'ambassade à Naples, où il a épousé cette riche veuve, il a été nommé, il y a six mois, d'abord chargé d'affaires ici, puis, un mois après, ministre.

— Mais c'est un superbe avancement !

— Superbe, en effet, et qu'il a dû, j'en suis

sûr, encore moins à la faveur et à l'influence de la fortune de sa femme, qu'à son charme et à l'agrément de son esprit ; car c'est, sur ma parole, l'un des hommes les plus agréables et des plus séduisants que je connaisse ; tout le monde l'aime et le recherche ; le grand-duc l'accueille comme il n'a jamais accueilli aucun ministre, et le prince royal de P***, qui prend ici les eaux, est sur le pied d'une intimité parfaite avec notre diplomate; ils montent à cheval ensemble presque tous les jours, et le prince va souvent le visiter ; enfin, que te dirai-je ? c'est une véritable fureur.

— Ah çà, et quel est le nom de cet enchanteur ?

— Le *comte Anatole* Du Cormier.

— Où diable prends-tu ce *comte* là ?

— C'est un *comte* fabriqué, comme tant d'autres, dans les bureaux des affaires étrangères ; aussi je ne te le donne pas pour bon gentilhomme, mais pour parfait *gentleman*.

— Attends donc ; mais il me semble que je connais ce nom-là, Ducormier... voyons donc, Ducormier ?... Eh ! mais sans doute, j'y suis maintenant : il était secrétaire du prince de Morsenne...

— Son premier protecteur, dont il parle toujours avec autant de vénération que de reconnaissance.

— C'est cela même ; il y a une quinzaine

de mois, M. Ducormier s'est battu contre ce pauvre Saint-Géran, qu'il a, ma foi! blessé grièvement.

— J'ignorais ce duel; mais, à propos de Saint-Géran, l'as-tu vu depuis longtemps?

— Comment, tu ignores...

— Quoi donc?

— Depuis plus d'une année, il s'est fait prêtre.

— Ah bah! et pourquoi diable s'est-il fait prêtre?

— On l'ignore, on suppose un désespoir amoureux.

— C'était, pardieu ! bien la peine d'hériter par anticipation des grands biens qui ne devaient lui revenir qu'après la mort de madame de Blainville, de madame Bonaquet, veux-je dire.

— A propos, te souviens-tu de cette fameuse scène à l'hôtel de Morsenne, dans laquelle le docteur Bonaquet, si mal accueilli d'abord, s'est montré, il faut l'avouer, plein de présence d'esprit et de dignité ?

— Je m'en souviens à merveille de cette soirée ; c'était fort piquant ! Mais en parlant de l'hôtel de Morsenne, tu viens de Paris, toi, sans doute?

— Non, je l'ai quitté il y a six mois pour aller chez ma tante en Lorraine, d'où j'arrive.

— Lors de ton départ de Paris, que disait-on de la duchesse de Beaupertuis? Quand j'ai quitté la France, cette ravissante femme continuait d'être le désespoir de tous ceux qui s'occupaient d'elle, et, s'il faut te l'avouer, j'étais un peu de ces désespérés-là; aussi, n'ai-je pas été fâché d'aller me distraire à Naples de ce commencement de folle passion.

— Ah! mon cher, il s'est passé du nouveau à l'hôtel de Morsenne pendant tes voyages.

— Comment cela ?

— D'abord, le prince de Morsenne a été si gravement malade qu'il a failli mourir ; plus tard il a demandé l'ambassade d'Espagne, où il est, je crois, encore.

— Et la duchesse ?

— Ah ! la duchesse... la duchesse...

— Eh bien ?

— Tu as été amoureux de madame de

Beaupertuis, tu l'es peut-être encore, je ne devrais pas te dire...

— Quoi?... qu'elle a un amant ?

— Si ce n'était que cela !

— Elle en a plusieurs ?

— Plût au ciel !

— Voyons, Juvisy, parle sérieusement.

— A peu près à la même époque où le prince son père a été si gravement malade, madame de Beaupertuis a été non moins dangereusement souffrante, mais elle est sortie de cette crise plus charmante, plus adorable que jamais, et alors... ah! mon pauvre Mesenval...

— Achève!

— Tu connais Moraincourt?

— Parbleu! il me doit cent louis d'un pari de course qu'il ne me paiera jamais... Mais comment! est-ce que ce serait lui, avec sa tournure de palefrenier anglais et ses habitudes de mauvais endroits, qui...

— Attends donc... Tu sais, puisque tu le dis, que Moraincourt ne met presque jamais les pieds dans le monde, et qu'il hante en effet de préférence les mauvais endroits, les bals de barrières et de guinguette.

— Oui, mais quel rapport cela a-t-il avec madame de Beaupertuis?

— Cela a beaucoup de rapports, et tu vas le voir. Au commencement de l'automne passé, à peu près à cette époque, Moraincourt se trouvait à Belleville dans je ne sais quel bal borgne fréquenté par des grisettes, des commis-marchands, et autre jeunesse très peu dorée. Moraincourt, appuyé à un arbre, regardait danser, et remarquait particulièrement une grande jeune femme dont il n'avait pas encore vu la figure, mais dont la taille de nymphe, souple comme un jonc, émérillonnait d'autant plus vivement notre Moraincourt, que la séduisante créature accentuait sa danse d'ondulations aussi serpentines et aussi provocantes que peu agréables à la pudeur des municipaux. Moraincourt, affriandé, attend le moment favorable pour envisager cette voluptueuse corybante, et qui reconnaît-il ?... La duchesse de Beaupertuis habillée en grisette, et dansant... plus qu'en grisette...

— Es-tu fou ?

— Je suis vrai ; le lendemain même, Moraincourt m'a conté la chose.

— Allons donc ! il était ivre, comme toujours.

— Je ne dis pas non.. Mais il a tellement

l'habitude de l'ébriété, qu'il y voit malgré cela très clair.

— Je te répète que c'est impossible... Madame de Beaupertuis, si fière, si dédaigneuse... Elle, plus grande dame que personne au monde, se déguiser en grisette !... courir les guinguettes !... Moraincourt était ivre, encore une fois, à moins qu'il n'ait été dupe d'une ressemblance extraordinaire.

— Entre nous, c'est ce que l'on pense généralement. Du reste, Moraincourt, sortant de la stupeur où l'avait jeté cette apparition presque fantastique, s'est mis à la poursuite de madame de Beaupertuis.

— De la femme qu'il prenait pour madame de Beaupertuis.

— Soit, jaloux! Toujours est-il que la contredanse terminée, il vit la duchesse ou sa *Sosie* s'éclipser dans les bosquets avec son danseur, très jeune, très frais et très joli garçon. Moraincourt vole sur leurs traces, mais un flux de foule le sépare des objets de sa poursuite, et impossible de les rejoindre. Le jeudi suivant, Moraincourt était le premier à la guinguette. Vain espoir! ni ce jour-là ni les autres il n'a revu la duchesse, ou, si tu veux, la femme qu'il avait prise pour madame de Beaupertuis.

— Pardieu! je le crois bien, les ivrognes n'ont pas deux fois la même vision.

— Vision?... vision?...

— Comment, toi aussi?

— Je ne puis affirmer ce que je n'ai pas vu. Mais la vie de madame de Beaupertuis était devenue depuis quelque temps si singulière!

— Comment cela?

— On ne la rencontrait presque jamais chez elle, et c'est à peine si elle se montrait dans le monde, où elle allait auparavant presque tous les soirs.

— Ainsi, la duchesse avait renoncé aux bals, aux fêtes?

— Non pas absolument, te dis-je, mais on l'y voyait fort rarement. La dernière fois que je l'y ai rencontrée, c'était à la fin de l'hiver, dans un grand bal à l'ambassade d'Angleterre; jamais, je crois, madame de Beaupertuis ne m'avait paru plus remarquablement belle; elle était éblouissante de diamants et de parure; j'ai dansé avec elle, et j'ai été frappé, presque blessé, de ce qu'il y avait de moqueur et de sardonique dans son langage à l'endroit des gens du monde, parmi lesquels pourtant elle avait toujours vécu, pour ainsi dire, en souveraine idolâtrée.

— Cela ne m'étonne pas du tout. Je l'ai toujours trouvée très dédaigneuse, hélas! trop dédaigneuse.

— Il y a encore quelque chose de fort singulier. Tu le sais, le duc de Beaupertuis n'accompagnait de sa vie sa femme au bal, absorbé qu'était ce cher homme par la contemplation et l'étude de ses scarabées.

— Oui, je sais cela.

— Eh bien! depuis le commencement de l'hiver passé, lorsque sa femme, à de rares intervalles, paraissait dans le monde, M. de Beaupertuis l'y suivait et ne la quittait pour ainsi dire pas des yeux.

— Il est donc devenu jaloux?

— Je le crois, et il n'avait cependant pas de motifs de l'être, en raison du moins de ce qui se passait sous ses yeux ; car, bien qu'entourée comme à l'ordinaire, parce que la rareté de ses apparitions en doublait l'effet, madame de Beaupertuis ne semblait avoir de préférence pour personne, et se montrait plus hautaine, plus sardonique que jamais envers ses adorateurs. Malgré cela, plusieurs fois, j'ai remarqué sur les traits de Beaupertuis, qui suivait presque toujours sa femme du regard, une émotion qui m'a peiné.

— Lui, intéressant, avec sa figure ridicule et sa tournure impayable ? Tu plaisantes !

— Je te répète qu'entre autres à ce dernier bal dont je te parle, j'ai eu la curiosité d'observer attentivement ce pauvre duc ; il se tenait dans l'embrasure d'une porte, tandis que sa femme, debout au milieu d'un salon, son bouquet à la main, plaisantait et causait avec quelques élégants dont elle était entourée pendant l'un des repos d'une contredanse. Eh bien! la figure hétéroclite de Beaupertuis, que jamais jusqu'alors je n'avais regardée sans envie de rire, m'a, je te le répète, si profondément attristé, que, malgré moi, je me suis senti apitoyé... C'est absurde, vu que la jalousie n'a rien d'attendrissant, surtout chez un drôle de corps comme Beaupertuis ; mais, que veux-tu ? cette impression a été plus forte que moi.

— Quelles singulières nouvelles tu me donnes là! mon cher! Mais non, non, je ne puis me résoudre à croire que cette belle et charmante duchesse réserve pour les gens du monde ses hauteurs et ses sarcasmes, tandis qu'elle va s'apprivoiser dans les guinguettes. Encore une fois, Juvisy, c'est du roman, ou plutôt une hallucination de cet ivrogne de Moraincourt !

— Sérieusement, je suis tenté de le croire comme toi ; et d'un autre côté, ces déguisements de grande dame courant les aventures ne sont pas sans précédents.

— Tu plaisantes !

— Pas du tout. Voyons : est-ce que nous n'avons pas été bercés par nos grands parents des aventures de la *princesse d'*EGMONT, passant pour une grisette aux yeux d'un beau garde française et d'un commis-marchand, ses amants? Est-ce que Dupré, le fameux danseur du siècle passé ; est-ce que Molé, Baron, fameux comédiens de la même époque, n'ont pas été honorés des bonnes grâces de beaucoup de grandes, de très grandes dames?

— D'accord ; mais ces grandes dames-là vivaient dans un autre temps que le nôtre ; et puis, elles n'avaient pas, comme madame de Beaupertuis, conservé leur réputation intacte jusqu'à vingt-deux ou vingt-trois ans, pour se jeter ensuite à corps perdu dans une audacieuse dépravation.

—Mon pauvre Mesenval, tu as été, comme tant d'autres, amoureux de la duchesse ; comme tant d'autres aussi, tu as été éconduit, et, sans t'en douter, tu cèdes à une sorte de jalousie rétrospective qui égare ton jugement.

— Mais enfin, depuis que ces bruits (je persiste à les croire stupides et mensongers), depuis que ces bruits circulent sur madame de Beaupertuis, comment la reçoit-on dans le monde quand elle s'y présente ?

— A merveille, comme toujours.

— Tu vois donc bien : on ne l'accueillerait pas ainsi si elle menait l'abominable conduite que tu dis.

— D'abord, je te répète que généralement on croit que Moraincourt était ivre ou qu'il a été dupe d'une ressemblance. Et puis d'ailleurs tu sais bien que madame de Beaupertuis, par sa naissance, ses alliances, sa position et surtout par son esprit, est de ces femmes avec lesquelles on est toujours obligé de compter.

L'entretien des deux amis fut interrompu par un bruit de trompes sonnant des fanfares.

— On se dispose à partir pour la chasse, mon cher Juvisy, — dit M. de Mesenval se levant et bouclant le ceinturon de son couteau de chasse. — Décidément tu ne veux pas venir? il fait un temps superbe, le rendez-vous est au pavillon de la forêt, il y aura un monde fou ; cela nuira sans doute à la régularité de la chasse, mais le coup-d'œil y gagnera en animation ; tiens, juges-en seulement d'après ce départ.

Et M. de Mesenval conduisit son ami près de la fenêtre de la tabagie, qui s'ouvrait sur l'une des cours de l'hôtel des bains.

Les piqueurs, après avoir sonné la dernière fanfare du *départ,* se dirigeaient vers la route de la forêt, suivis de la meute surveillée par les valets de chiens à pied ; la cour restait encombrée d'un grand nombre de voitures, qui furent bientôt remplies de jeunes femmes en élégantes et fraîches toilettes du matin ; des *grooms* en livrée tenaient des chevaux en main, tandis que des cavaliers se disposaient à suivre la direction des piqueurs.

Soudain l'on vit entrer dans la cour une charmante calèche à quatre chevaux, pleins de race et d'élégance ; deux valets de pied en livrée étaient assis sur le siége de devant ; derrière cette voiture, que le maître conduisait lui-même à grandes guides avec une grâce et une aisance dignes du président du club des *Four-in-Hands* (1), dans cette calèche, était une femme mise avec élégance et

(1) Attelage à quatre chevaux mené à grandes guides. Il existe à Londres un club composé de ces cochers grands seigneurs.

dont un voile à demi baissé cachait les traits.

— Voici, mon cher, un des plus remarquables *four-in-hands* que j'aie vu de ma vie, — dit M. de Juvisy à son ami : — il est impossible d'imaginer quatre chevaux mieux ensemble et aussi bien appareillés... Quel *sang!* quelles *actions!* Je suis sûr qu'on n'aurait pas un semblable attelage à Londres, chez Tatersall, pour deux mille louis. Tout cela est d'un goût parfait. A qui donc cette voiture ?

— Au comte Ducormier, notre ministre, qui, tu le vois, la conduit lui-même en habile cocher; il va sans doute suivre aussi la chasse.

— M. Ducormier, ce grand jeune homme brun, avec une rose à sa boutonnière? En effet, je me rappelle maintenant sa figure. Je l'ai vu à l'hôtel de Morsenne. Mais il a pardieu! fort bon air sur son siége... Sais-tu, Mesenval, que ce gaillard-là a fait un beau rêve! Il y a quinze mois, secrétaire de M. de Morsenne, et aujourd'hui ministre de France à Bade, riche de cinquante mille écus de rente, et *comte* (ou à peu près) par-dessus le marché!... Seulement il y a le revers de la médaille; le voici obligé de promener dans cette charmante voiture sa femme, un peu trop mûre pour braver le soleil, car c'est elle sans doute que je vois là faisant la timide *violette* sous son voile d'Angleterre.

— C'est elle-même; mais par compensation je gagerais que M. Ducormier promènera en même temps cette petite comtesse polonaise dont on est ici affolé et qui semble fort le distinguer.

— Ah çà ! et sa femme ?

— Madame la comtesse Ducormier prend, dit-on, la chose en femme d'esprit et de bon goût ; elle fait très dignement les honneurs de sa maison, et, je crois, est ravie d'être femme de ministre. Mais tiens, que disais-je ? voici la voiture arrêtée devant le pavillon où demeure la comtesse *Mimeska*, et elle ne se fait pas attendre.

— Quelle charmante petite blonde ! Elle

est mise à ravir. Quelle jolie figure ! — reprit M. de Juvisy, en voyant la comtesse monter lestement en voiture et s'asseoir à côté de madame Ducormier, qui semblait lui faire le plus gracieux accueil, pendant qu'Anatole Ducormier, penché sur son siége, adressait quelques paroles aux deux femmes.

— Pauvre madame Ducormier ! — reprit en souriant M. de Juvisy, — mariez-vous donc avec de beaux jeunes gens, quand vous avez quarante ans ! Donnez donc des voitures à votre mari, pour qu'il y promène de jolies femmes dont vous faites ressortir, hélas ! la jeunesse et la fraîcheur !

— Au revoir, Juvisy, — reprit M. de Mesenval en prenant son fouet et sa cape ; — je n'ai que le temps de monter à cheval. Mais j'y pense : il y a ce soir réception chez M. Ducormier; par ta position, tu es pour ainsi dire invité de droit chez notre ministre. Veux-tu que je t'y présente? Tu verras peut-être là cette diabolique comtesse Mimeska, et tu pourras, si le cœur t'en dit, te ranger au nombre de ses victimes.

— Ma foi ! je me risque, et j'accepte, mon cher. A ce soir. Tu me donneras des nouvelles de la chasse. Et si tu y prends garde, tu me diras ce qui sera advenu de la promenade de M. Ducormier en compagnie de sa respectable *moitié* et de cette charmante comtesse.

— Je te dirai tout ce que j'aurai vu, mon cher, et même ce que je n'aurai pas vu. A ce soir.

Et M. de Mesenval sortant pour aller monter à cheval, les deux amis se séparèrent.

FIN DU QUATRIÈME VOLUME.

—SCEAUX.— IMPRIMERIE DE E. DÉPÉE.—

ŒUVRES
DE LOUIS REYBAUD.

JÉROME PATUROT

A LA RECHERCHE
DE LA MEILLEURE DES RÉPUBLIQUES,
4 volumes in-8°. — Prix : 20 francs.

ÉDOUARD MONGERON,
5 volumes in-8°. — Prix : 25 francs.

LE COQ DU CLOCHER,
2 volumes in-8°. — Prix : 10 francs.

CÉSAR FALEMPIN,
2 volumes in-8. — Prix : 10 francs.

PIERRE MOUTON,
2 volumes in-8°. — Prix : 10 francs.

LE DERNIER DES COMMIS-VOYAGEURS,
2 volumes in-8°. — (*Epuisé.*)

MARIE BRONTIN,
2 volumes in-8o. — Prix : 12 francs.

Imprimerie de Mᵐᵉ Vᵉ Dondey-Dupré, rue Saint-Louis, 46, au Marais.

www.ingramcontent.com/pod-product-compliance
Lightning Source LLC
Chambersburg PA
CBHW060644170426
43199CB00012B/1669